MA CHIENNE DE VIE

Dave
&
Patrick Loiseau

MA CHIENNE DE VIE

Robert
Laffont

ISBN 978-2-221-19055-5

« Dieu reconnaîtra les chiens. »
Renaud Séchan

« Aime ton chien comme toi-même. »
Auteur anonyme

Ami humain qui viens d'ouvrir ce livre, tu ne me connais pas, et je ne te connais pas davantage. J'ai quatre pattes, toi deux seulement, cependant mes yeux voient ce que tu vois, même si c'est sous un angle un peu différent. Je suis dotée d'une ouïe et d'un odorat qui pourraient t'étonner, et d'un cœur tout semblable au tien. D'une âme aussi, bien sûr, n'en déplaise à ceux de tes congénères qui le contestent.

Je suis une chienne, je m'appelle Chance, et c'est un nom qui me va bien.

Là-bas, sur l'île lointaine où je suis née, des enfants me l'ont donné.

Un cadeau qui ne se refuse pas.

C'était il y a déjà plusieurs années, en plein mois d'août ; un jour d'été pour toi, d'hiver pour moi. Je t'expliquerai tout ça en route, si tu veux bien que nous fassions un bout de chemin ensemble, mais auparavant, une petite mise au point s'impose.

Je me mets à ta place : quoi ? une chienne qui parle et qui écrit ! On aura tout vu, tout entendu, tout lu. Qu'est-ce que c'est que ce délire anthropomorphique !

Délire ? Comme tu y vas… mais je ne te ferai pas l'injure de te prendre pour plus naïf que tu n'es. Loin de moi l'idée de chercher à t'embrouiller et à te faire croire à des balivernes. Soyons sérieux un instant.

Primo, je ne prétends pas m'être installée au clavier d'un ordinateur pour lui confier le récit de mes aventures.

Deuzio, je reconnais volontiers avoir fait appel à un *nègre* et même à deux, qui sont mes *ghostwriters*, pour reprendre le terme anglais, plus élégant à mon goût.

Cela dit, tu n'es pas sans savoir que beaucoup d'humains célèbres (je préfère ne citer personne tant la liste serait longue) ne rechignent pas eux-mêmes à utiliser ce procédé qui ne remet en cause ni la véracité ni la sincérité des propos retranscrits. Il suffit pour cela de bien choisir son porte-parole. Or, ces confidents idéaux, je n'ai pas eu à les chercher bien loin, et pour cause : je les avais là, sous la patte, à mon entière disposition.

Même si nous savons tous que chaque être recèle une part d'ombre et de mystère, sache que mes interprètes me connaissent comme leur poche, et que nous nous comprenons à demi-mot le plus souvent.

À qui, sinon à eux, pouvais-je confier la tâche de retracer mon parcours, et de traduire le fond de ma pensée sans craindre de la voir détournée, déformée, trahie ?

Je leur fais une confiance aveugle, totale, absolue, c'est dire.

C'est dit.

Une fois arrivés, lorsque j'aurai partagé mon histoire avec toi et que nous devrons nous séparer, tu sauras qui je suis, d'où je viens, ce que j'ai vécu, quelles ont été mes souffrances, mes joies et, d'une certaine façon, cela nous liera pour la vie, même à distance.

J'ai tellement de choses à te raconter que, pour être certaine de ne rien omettre, je crois que je vais commencer par le début.

Voir le jour

Où suis-je ? Mes yeux sont fermés, aveugles. Tout est plongé dans l'obscurité, mais je n'ai pas peur. Je viens de naître, je ne sais rien du monde dans lequel j'arrive, rien de ses dangers, rien de sa violence, ni de ses merveilles. Rien de rien.

Je vis.

Mes oreilles ne sont que deux excroissances atrophiées et je ne perçois pas encore clairement les sons environnants. En revanche, je sens bien autour de moi, tout contre moi, une chaleur mouvante, moelleuse, enveloppante, celle de mes frères et sœurs, blottis, comme agglutinés les uns sur les autres, leur odeur mi-aigre mi-sucrée, pareille à la mienne. Une odeur de lait caillé.

Un souffle vient frôler mon museau, une caresse à la fois râpeuse et douce parcourt mon corps : la langue de ma mère, qui me lèche, me nettoie. Première toilette, premier geste d'amour.

Maman.

Quelle mystérieuse source d'information nous a mis au courant ? Comment avons-nous deviné que la nourriture est là, en elle, cachée dans ses flancs ?

Qu'importe ; déjà nos museaux avides se précipitent et se disputent l'accès aux tétines gorgées de lait. D'instinct, nos pattes avant font pression sur son ventre en un mouvement de pédalage frénétique, afin que le liquide nous arrive plus vite et plus abondamment, malmenant la chair même qui nous a mis au monde.

La faim ne justifie-t-elle pas les moyens ?

À ce régime, nous profitons de jour en jour. Bientôt, nos yeux s'ouvrent, nos oreilles se déploient, nos minuscules museaux aplatis s'allongent. Éveil progressif de tous nos sens, outils indispensables à la découverte de l'univers où la destinée nous a parachutés.

Par parenthèse, évitez de prendre bêtement au sérieux tous les racontars qui circulent : par exemple, celui – très répandu – selon lequel nous autres chiens ne voyons la vie qu'en noir et blanc, comme sur vos vieux postes de télévision d'un autre siècle.

Mon œil, si je peux me permettre. Sachez que nous bénéficions d'une excellente réception couleur.

Pour preuve : je vois autour de moi de hautes herbes d'un vert tendre, puis des buissons plus foncés, piqués de baies rouges et de fleurs de toutes sortes, mais surtout jaunes et orangées. Au milieu d'elles virevoltent en bourdonnant une foule de créatures minuscules et multicolores qui s'y posent comme pour y boire ou y manger.

Cela s'appelle *butiner,* je crois.

Des arbres touffus nous surplombent, et de là-haut nous parviennent des sons et des bruits non identifiés qui ne cessent de nous faire dresser l'oreille, de nous intriguer, de nous surprendre.

Beaucoup d'êtres différents de nous vivent à proximité, et observer certains d'entre eux me fascine. Comment ces espèces de diablotins à longue queue se débrouillent-ils pour sauter de branche en branche sans jamais en tomber ? Et ces créatures bariolées qui elles aussi s'élancent en l'air comme si elles ne pesaient rien ?

D'autres, de formes et de formats variés, ont quatre pattes comme nous, se faufilant au ras du sol, museaux frémissants et gestes fébriles, en activité constante. Rats, souris ou musaraignes. Nous les côtoyons sans les fréquenter. Bonjour bonsoir.

Un peu plus loin, d'autres encore, les plus bizarres de tous, se déplacent sur deux pattes seulement. Ces animaux-là communiquent entre eux en émettant de drôles de sons et en agitant leurs pattes du haut, qui ne leur servent ni à marcher ni à se déplacer dans les airs.

Mi-curieux, mi-méfiants, nous les observons à distance.

*

Agréables et fraîches, les premières heures du matin laissent bientôt place à une chaleur moite qui finit par tout écraser, et tout à coup, voilà qu'au beau milieu de la journée il fait nuit noire. Du ciel plombé, des quantités d'eau dont vous n'avez pas idée s'abattent sur nous.

Inutile de préciser que je n'aime pas ça. Ma mère, mes frères, mes sœurs et moi vivons dehors, et les feuilles des arbres ne nous protègent que des toutes premières gouttes. Après, c'est la douche forcée, et j'ai horreur d'être mouillée. Je déteste plus encore ces rayures de feu qui traversent les nuages, suivies d'un bruit assourdissant. Chaque fois, c'est plus fort que moi, secouée de frissons, je tremble comme une feuille. Pas de froid, mais de trouille.

Pas étonnant que les grands êtres à deux pattes aperçus de temps en temps au détour d'un chemin aient choisi de vivre différemment de nous. Pour se protéger du ciel qui menace de leur tomber à tout moment sur la tête, chacun d'eux possède une cabane ou une maison, un toit. Pas si bêtes.

Nous sommes des sans-abri, libres comme l'air ; chez nous, c'est partout, et surtout nulle part. Par beau temps, vous ne pouvez pas rêver mieux. Par gros temps, c'est autre chose.

En cas de déluge, n'allez surtout pas chercher refuge près des habitations de ces êtres appelés humains, même si la peur du ciel déchaîné vous y pousse. Leur colère à eux est souvent pire. Dès qu'ils nous voient approcher, ils nous chassent à coups de pied ou de bâton et sont capables de nous lancer la première pierre qui leur tombe sous la main en nous traitant de *sale bête.* Au mieux, ils ratent leur cible et nous nous en sortons sans une éraflure, quittes pour la peur. Au pire, leurs projectiles nous assomment ou nous éborgnent.

Les hommes ne nous aiment pas. Ne me demandez pas pourquoi.

Mieux vaut encore se laisser tremper jusqu'aux os en espérant pouvoir se sécher au soleil ensuite.

*

Au fait, suis-je un garçon ou une fille ? Instinctivement, je dirais plutôt une fille, bien que je n'en sois pas tout à fait certain(e). J'ai remarqué que mes frères et sœurs s'accroupissent de la même façon que moi pour faire pipi, et le doute subsiste encore sur nos genres respectifs.

Quelle importance, on verra ça plus tard.

Ce qui est sûr, en tout cas, c'est que nous avons tous le même air de famille, et que nous sommes aussi joueurs les uns que les autres. Nous dormons beaucoup, pendant la nuit bien sûr, mais aussi tout au long de la journée, lorsque la chaleur nous ensuque au point de nous faire glisser vers une douce torpeur.

Et hop, voilà qu'entre deux siestes, passant en un clin d'œil du sommeil à l'éveil, nous revenons sans transition à nos taquineries, nous mordillant mutuellement les pattes et les oreilles en faisant semblant de grogner, nous roulant dans l'herbe ou la poussière, nous amusant comme les jeunes fous insouciants que nous sommes.

Au bout d'un moment, forcément, ça creuse, et la faim s'impose à nouveau, priorité absolue, qui met fin à nos ébats. Nous retournons vers Maman, notre garde-manger. Dévouée, elle s'allonge sur le sol, livrée de plein gré à la voracité de ses enfants.

Dernièrement il m'a pourtant semblé qu'elle montrait des signes infimes d'agacement, se dérobant à l'insistance de nos petites dents pointues, comme si cela lui faisait mal.

Il faut dire que ses mamelles sont de moins en moins pleines, et que leur maigre contenu peine désormais à nous rassasier.

Aussi, chaque jour, elle est obligée de s'absenter pour se lancer dans des expéditions solitaires, au retour desquelles elle nous rapporte un peu de nourriture solide, déchets de viande ou de poisson, mais pas en quantité suffisante, pour notre déception à tous.

Manger

Pour tenter d'assouvir notre faim, il va falloir que nous apprenions à nous débrouiller par nous-mêmes, aller dénicher la nourriture là où elle se trouve. Entreprise risquée, puisque, si je suis bien renseignée, les points de ravitaillement sont toujours situés à proximité des habitations où vivent les redoutables êtres à deux pattes qui ne nous aiment pas.

Une affaire de survie qui ne nous laisse pas le choix. Risquer sa peau ou mourir d'inanition.

À défaut d'avoir un père qui pourvoie à nos besoins, c'est donc notre mère qu'il nous faudra accompagner dans ses expéditions ; c'est elle qui nous montrera la marche à suivre.

Pour la toute première fois, nous allons nous éloigner du coin de terre qui nous a vus naître il y a déjà presque deux mois, et qui est devenu notre univers : un petit bout de nature oublié des hommes, ombragé par des arbres géants et délimité par de hautes herbes sauvages, des roseaux et des buissons qui nous dissimulent aux yeux de quiconque pourrait nous vouloir du mal.

Au creux de leurs racines tentaculaires rampant à fleur de sol, des cavités nous servent de refuge providentiel quand le soleil est au plus haut et qu'il brûle trop fort, mais ne nous protègent presque pas lors des effroyables intempéries dont j'ai déjà parlé, aussi appelées *temps de chien*, comme je l'entendrai dire plus tard.

Nous voilà en file indienne derrière Maman, si belle dans sa robe sable et noir, son museau pointu humant l'air, prêt à détecter à distance l'odeur du danger, les oreilles dressées, aux aguets. En avant !

Nous la suivons, pataudes, empruntés, maladroits, distraits par des envies irrésistibles : flairer le parfum inédit d'une plante qui ne pousse pas chez nous, jouer avec un morceau de bois, un caillou, un bout de carton, ou d'autres choses encore, comme cet objet transparent non identifié, oblong, creux, léger, entouré d'une étiquette rouge et blanche.

Maman connaît : c'est une bouteille de soda.

Attention, *l'homme* n'est pas loin. Prudence de rigueur.

Elle veille au grain et nous rappelle à l'ordre, avançant maintenant au ralenti, muscles tendus et regard à l'affût, les oreilles soudain plaquées sur son crâne pour se redresser aussitôt, à droite, puis à gauche. Des oreilles à géométrie variable.

On peut y aller, mais chhhhhhh, je vous en supplie les enfants, arrêtez de couiner et de japper comme ça, vous allez nous faire repérer !

Message reçu : silence dans les rangs.

À pas de loup (même si nous avons plutôt l'allure d'une famille de renards), nous nous dirigeons vers ce qui nous paraît être un groupe d'habitations.

Pas un bruit, personne en vue. À cette heure de la journée où la chaleur plombe tout, les hommes restent à l'abri et font la sieste. Profitons-en. Notre mère connaît leurs habitudes, et les remises où s'entassent leurs poubelles. Avec un peu de chance, nous y trouverons des restes comestibles.

Nous nous faufilons en catimini à l'arrière de la première maison, où de hauts bidons sont entreposés, et notre flair nous dit que de la nourriture s'y trouve. Seul hic : comment accéder à ces poubelles bien trop hautes pour nous ?

Soyons confiants. Maman a de l'expérience. Maman sait tout.

En attendant, nous explorons les alentours à la recherche de détritus mangeables, mais ne trouvons guère que des bouts de papier gras qui, à en juger par l'odeur de chair en putréfaction qui s'en dégage, ont emballé de la viande, ce qui ne nous rebute pas plus que ça. À défaut d'autre chose, nous les mâchouillons.

Pendant ce temps, notre mère a déjà bondi sur un des bidons pour en inspecter le contenu. Arc-boutée sur le rebord en tôle, dans une position aussi peu confortable que possible, elle y plonge hardiment la tête.

Hypnotisés, nos yeux d'affamés la regardent faire, alors qu'elle procède à un tri indispensable, laissant tomber à notre portée des bribes de déchets comestibles que nous nous disputons aussitôt. Arêtes de poissons, épluchures de légumes, guère plus.

Maigre butin. Elle nous abandonne l'intégralité de ces amuse-gueules, ne gardant rien pour elle. Il va lui falloir pousser plus loin ses recherches pour ne pas laisser sur sa faim une portée de petits monstres en pleine croissance et dotés d'un appétit vorace.

Redescendue du bidon décevant, la voilà à nouveau chef de file, menant sa marmaille vers un autre point de ravitaillement. Hyper-motivés par la faim qui ne nous lâche pas, nous suivons sans broncher, groupés.

Nous passons par des zones de végétation variée où se mélangent buissons, herbes et arbrisseaux, coupant à travers bois pour arriver en vue de ce qui pourrait bien être un autre endroit où vivent des hommes.

De nombreux abris, des chemins plus larges que ceux que nous avons pris pour parvenir jusqu'ici. Du bruit aussi, toutes sortes de bruits inédits. Un village.

Notre mère a appris à connaître les pièges que recèle ce genre d'endroit.

Il est vital, d'une part de ne pas se faire remarquer par les hommes, dont on ne peut jamais savoir quelle mouche les pique ni de quelle (mauvaise) humeur ils sont, d'autre part de faire attention aux drôles d'engins pétaradant à toute vitesse et en tous sens le long de ces chemins immenses.

Stop, les enfants ! Elle marque un temps d'arrêt, histoire de nous laisser voir et découvrir par nous-mêmes ce que sont les routes et les rues, insistant sur le fait qu'elles ne se traversent en aucun cas comme les sentiers d'un sous-bois.

Le danger est partout, vous m'entendez, PARTOUT *!*

D'accord, d'accord… mais quand est-ce qu'on mange ?

Un peu de patience. Restez groupés, et ne me perdez pas de vue, compris ?

L'œil toujours aux aguets et le corps tendu, notre mère est un vrai chef de bande. Aguerrie, elle veille à tout en attendant de pouvoir nous donner son feu vert pour la traversée de cette fichue route.

Atteindre les baraques situées de l'autre côté ne se présente pas comme une mince affaire.

Les hommes et leurs femelles, considérées elles aussi comme des ennemis potentiels, ne sont jamais bien loin, sans oublier les roues de ces machines infernales qui passent à deux doigts de nos truffes, répandant derrière elles des traînées de fumée suffocante. Au cas où nous commettrions quelque imprudence, c'est sûr qu'à cette allure-là, elles ne pourraient freiner ni dévier de leur trajectoire pour éviter d'écraser l'un d'entre nous.

Après des minutes d'attente qui ont semblé une éternité, tant la faim et l'impatience nous tenaillent, c'est enfin le bon moment : personne en vue, pas de bruit de moteur à l'horizon, aucune menace détectable.

On peut y aller.

À l'arrière de chacune de ces maisons, et parfois même devant, des poubelles, notre providence… mais pas seulement la nôtre, comme nous pouvons nous en rendre compte une fois arrivés sur place :

d'autres que nous en convoitent le contenu. Des chiens de tout poil aussi affamés que nous, sans oublier d'étranges créatures à quatre pattes, qui se déplacent comme si elles rampaient, tout en nonchalance apparente, pour bondir soudain avec une souplesse et une agilité que nous n'avons pas : les chats.

Mes frères et sœurs et moi sommes bien trop petits pour espérer rivaliser de savoir-faire et de rapidité avec les autres, qui ont semble-t-il leurs habitudes dans les parages. Nous ne sommes guère que des bébés sevrés depuis peu, maladroits et inexpérimentés.

C'est donc notre mère qui va devoir se jeter dans la mêlée, et essayer de récupérer de quoi caler nos estomacs. Une lutte sans merci s'engage, pas seulement contre les fameux chats équilibristes, juchés sur le rebord des poubelles, mais aussi contre les autres chiens, dont je comprends tout de suite qu'ils sont bien plus nos adversaires que nos partenaires.

Nos frères ennemis.

Babines retroussées, ils se menacent les uns les autres, se disputant le même lambeau de viande, déjà en proie à des nuées de mouches. La nécessité de survivre peut rendre agressif, du moins en apparence, et maman n'est pas en reste. Tous crocs dehors, elle parvient à arracher à la meute un assez beau morceau de gras. À la voir ainsi défigurée par la violence, si je ne la savais pas si douce avec nous, ses enfants, l'espace d'un instant j'aurais pu la croire méchante.

Mais pas le temps de réfléchir, elle nous entraîne à l'écart du groupe, afin que nous puissions nous repaître de cette belle prise un peu plus au calme.

Inutile de préciser que nous nous ruons dessus comme les petits monstres que nous sommes, et que nous ne laissons pratiquement rien à celle qui nous a mis au monde et dont le seul but dans l'existence est de nourrir la chair de sa chair.

À ce régime, la pauvre n'a plus guère que la peau sur les os, et ses mamelles vides ballottent sous son ventre creux.

Le bord de l'une de ses oreilles saigne, comme échancré. Est-ce un coup de griffe donné par un chat, ou le coup de dent d'un chien ? Dans le feu de l'action, s'en est-elle seulement aperçue ? Moi oui. Comme je m'approche d'elle, elle baisse la tête vers mon museau pour me donner un de ces coups de langue affectueux dont elle a le secret. Elle, et elle seule.

En retour, je lèche son oreille blessée. Est-ce de ma part un geste d'amour et de reconnaissance, ou bien suis-je tout simplement attirée par le goût du sang ?

Pour être sincère, je répondrais : *un peu les deux.*

En tout cas, elle a été bien inspirée de nous éloigner de l'appentis où s'affairent encore les autres, toujours en quête de nourriture : une femme vient de surgir de la maison munie d'un long bâton, et elle tente de disperser les fouilleurs d'ordures, d'abord en les menaçant, puis en leur assénant au hasard de grands coups.

Les vagabonds décampent, certains en gémissant.

— Saletés de bêtes ! Non mais si c'est pas malheureux… regardez-moi ce bazar… ils en ont encore foutu partout ! Je te flanquerais toute cette vermine dans la mer, moi… et bon débarras !

À la mer ? La mer… Qu'est-ce que c'est donc que *la mer* ? *Ma* mère, ça oui, je sais qui c'est. Je la connais et je l'aime. Mais qui est cette autre, qui s'appelle pareil, et dans laquelle cette femme voudrait nous jeter ? Mystère.

La mer

Nous voilà de retour dans notre coin de sous-bois, à l'abri des regards étrangers et des présences menaçantes. Sains et saufs après une expédition qui aurait pu mal tourner, et ce repas de fortune héroïquement gagné par Maman, nous nous sentons un peu fatigués et presque repus ; je dis bien *presque*, car pour ce qui me concerne, j'ai toujours comme un petit creux.

Cela vaudra encore plus tard, dans ma vie d'adulte privilégiée, alors que ma gamelle sera remplie deux fois par jour de rations copieuses.

Rassasiée, moi ? Jamais.

On peut me proposer des friandises à toute heure du jour, ma réponse est toujours *oui, merci, je prends*. Insatiable je suis, insatiable je reste. Comment expliquer cela ? Peut-être que quand au début de sa vie on a manqué de tout, et de nourriture en particulier, par la suite la faim ne vous quitte plus.

C'est tout juste si elle m'accorde une trêve lorsque je m'endors. Et encore… Je ne pourrais pas jurer que mes rêves ne sont pas eux aussi hantés de fantasmes de festins interminables.

*

Comme nous grandissons et progressons à vue d'œil, notre mère ose désormais nous entraîner dans des expéditions nourricières de plus en plus éloignées, et plus ou moins fructueuses selon que nous avons été ou non précédés par d'autres chiens et chats.

C'est d'ailleurs au cours de l'une de ces équipées que nous faisons la découverte d'une mystérieuse présence : la mer.

Ainsi, le ciel avait une sœur liquide, aussi immense et changeante que lui, tantôt d'un vert tendre qui peut virer au bleu nuit, tantôt d'un gris de plomb, ou étincelante comme un miroir aux milliers de facettes ; un jour aussi calme et plate que le petit étang saumâtre jouxtant le sous-bois où je suis née, et le lendemain agitée de vagues en furie qui viennent se fracasser sur le rivage.

En fin d'après-midi, je reviendrai souvent vers le littoral désert, à la recherche hypothétique de quelque petit poisson miraculeusement échoué ou tombé d'un filet de pêche.

L'espace d'un instant, j'oublierai même d'écouter les exigences de mon estomac pour mieux regarder le rond rougeoyant du soleil plonger lentement dans l'eau, et disparaître.

Rêverie contemplative interrompue par les cris stridents d'un vol de mouettes arrivant de l'intérieur des terres, au-delà du relief abrupt qui surplombe le paysage, comme surgies de nulle part. Un mystère qui m'intrigue et m'interroge : notre cadre de vie familier ne serait-il en définitive qu'un gros caillou cerné par la mer ?

La mer où cette femme l'autre jour a dit qu'elle souhaiterait nous jeter tous autant que nous sommes, pour nous noyer, nous voir disparaître.

Mais ce ne serait pas si grave, au fond (si j'ose dire), puisque le soleil s'y noie chaque soir, et reparaît tous les matins de l'autre côté du ciel comme si de rien n'était.

Se noyer ne signifie donc pas *mourir.*

Voilà pour mes questionnements métaphysiques. Nos priorités du moment sont d'ordre plus trivial.

Les poubelles des restaurants du littoral regorgent de déchets de toutes sortes qui remplissent mieux nos estomacs que celles des particuliers, où les denrées comestibles sont plus rares, et souvent mélangées à des détritus de produits ménagers contaminant d'un goût infect ce qui aurait pu faire nos délices.

Ici, c'est la classe au-dessus, tant sur le plan qualitatif que quantitatif, mais là encore, les meilleurs morceaux ne s'obtiennent qu'au prix d'une lutte acharnée avec nos congénères : parts de pizza, têtes de poisson, côtelettes à moitié mangées par des humains qui ne savent pas ce qui est bon et laissent le meilleur de côté : le gras.

Tant mieux pour nous.

Nous bataillons et bâfrons comme de véritables sauvages, et si personne n'intervient muni d'un manche à balai ou de quelque autre objet contondant pour interrompre notre gueuleton, nous repartons repus.

Ceci compense cela, puisqu'il y a aussi les jours *sans* où nous n'avons rien, absolument rien à nous mettre sous les canines. Notre maigreur témoigne d'une alimentation irrégulière, insuffisante.

Âgés de quelques mois à peine, nous ne sommes déjà plus des bébés au ventre arrondi et aux formes pleines. Nous commençons à ressembler à notre mère qui n'a que la peau sur les os, toujours belle, bien que décharnée à faire peur.

*

Après une période de pénurie qui semble toujours interminable, la haute saison touristique nous sauve de la famine, et nous ramène vers les paillotes alignées en bordure des plages. Pas seulement côté poubelles, mais aussi côté terrasses. Contrairement aux autochtones dont beaucoup apparemment nous détestent, les touristes, eux, ne nous chassent pas à coups de pied ou d'autre chose. D'une façon générale, si j'en crois mon expérience personnelle, ils sont de bonne composition, et plutôt que des cailloux, ils jettent sur nous des regards apitoyés, attendris, compatissants, amicaux. Rétrospectivement, quelque chose me dit que pour le temps de leur séjour dans l'île de la Séparation, certains ont été obligés de confier leur animal de compagnie à des voisins ou des amis, et qu'ils sont en manque, en rade, avec toute cette affection dont ils ne savent que faire.

Du coup, c'est nous qui en profitons.

Alors qu'ils sont attablés pour déjeuner ou dîner, ils observent en souriant notre manège de mendiants, rôdant à distance d'abord, puis nous rapprochant peu à peu, toujours sur le qui-vive avant l'assaut final, osant leur chiper des mains l'os de poulet ou d'agneau qu'ils nous tendent. Méfiance oblige, nous hésitons à consommer sur place, préférant nous éloigner de nos bienfaiteurs pour savourer à l'aise le fruit de nos rapines.

Tout ce qu'ils veulent bien nous donner fait ventre, y compris les quignons de pain tombés des tables comme par miracle. Chutes fortuites ou provoquées à notre intention ?

Mise en confiance par leur bonté, je leur sors le grand jeu : un regard implorant que je sais efficace, pour ne pas dire irrésistible. Quand je les sens à point, je m'enhardis à risquer une patte sur la nappe, puis le museau et, subrepticement, je subtilise la croûte de fromage qui n'attendait que moi, abandonnée là, sur un coin d'assiette.

Exploit accompagné d'éclats de rire encourageants. Un vol consenti, avec la bénédiction réjouie des *victimes.*

Non, tous les hommes ne sont pas mauvais ni méchants, même si je suis parfois rappelée à l'ordre par un serveur furibard déboulant pour me chasser à grands coups de serviette, et s'excusant auprès des clients pour la nuisance causée par *cette sale bête.*

Moi, en l'occurrence.

Au cours de mes expéditions nourricières, je croise quantité de chiens et de chiennes qui me paraissent avoir un air de famille avec ma fratrie ; même allure sauvage, même pelage sable strié de noir, oreilles pointues et mobiles, nez allongé, et les mêmes yeux que les miens, maquillés à l'égyptienne, un détail qui semble séduire particulièrement les touristes.

Les entendre commenter mon apparence de renard m'amuse, car je parierais que la plupart d'entre eux n'en ont jamais vu un en vrai. En réalité, je ne fais que correspondre à l'idée vague qu'ils s'en font, mais qu'importe. D'ailleurs, allez savoir si en remontant ne serait-ce qu'un peu dans mon arbre généalogique, on ne trouverait pas quelque chacal venu des Indes.

J'ai aussi entendu ce nom-là sur mon passage, quoique plus rarement : les touristes français, qui constituent la majorité de ma « clientèle », ont leurs propres références culturelles, plus européennes.

Il y a fort à parier que pendant ce temps, Maman, mes frères et mes sœurs se débrouillent à d'autres terrasses, avec un bonheur inégal selon l'affluence et le bon vouloir des vacanciers.

*

La journée, nous sommes de plus en plus indépendants. À la nuit tombée, chacun de nous s'en retourne vers le repaire, le même depuis notre naissance, le coin familier choisi par notre mère pour nous mettre au monde. Nous y avons nos habitudes, nos trous creusés dans le sol par nos soins, dans lesquels nous nous couchons entre les herbes folles et les feuilles. J'aime cette cavité, ce ventre de terre battue où je peux m'endormir tranquille, après en avoir dégagé les brindilles ou les minuscules cailloux ennemis de mon confort, gratté et réaménagé les contours, refait mon lit.

Ça, c'est par temps sec, car lorsque le ciel semble se déverser tout entier sur la terre, c'est une autre histoire. Nos couchages de poussière deviennent vite des cuvettes de boue qui ne tardent pas à déborder. Comme je l'ai dit plus haut, nous devons alors trouver un refuge de fortune ou d'infortune sous les arbres. Nous finirons trempés au matin, mais pas noyés, ce qui est déjà appréciable.

*

Ce soir, le ciel est clair tout là-haut, et constellé d'une infinité de petits points scintillants : il ne pleuvra pas cette nuit.

Pas d'inquiétude à avoir de ce côté-là, mais nous n'en sommes pas moins perturbés tous les six. Notre mère n'est pas rentrée, et sa couche vide focalise toute notre attention. Tour à tour nous flairons le sol à la recherche de son odeur, nous humons l'air guettant son retour imminent, anticipant la joie de la revoir et de lui faire la fête, de lui lécher le museau, de lui mordiller les oreilles, en bondissant et en jappant autour d'elle comme les gamins que nous sommes encore.

Certains d'entre nous, mes frères plus bruyamment que mes sœurs, poussent de longs gémissements en tournant et retournant autour du lit où à cette heure-ci elle devrait être couchée. De ma litière où, fatiguée, je me suis résolue à m'allonger, je les observe sans bruit. Comme eux, je veille, j'attends et j'espère. Je désespère et je pleure aussi, mais au-dedans et en silence.

Maman.

Le sommeil finit par m'emporter, et les rêves me la ramènent. Elle me lèche le museau et me donne de petits coups de tête affectueux, accomplit comme si de rien n'était ces gestes dont elle seule a le secret.

Au réveil, triste retour à la réalité : notre mère n'est pas plus là qu'hier soir.

Quelle force inconnue la retient, l'empêche de revenir vers nous ?

Elle dont l'instinct maternel sans faille va jusqu'au sacrifice de ses propres besoins ne peut pas avoir décidé de nous laisser tomber comme ça.

Même si nous sommes désormais assez grands pour commencer à nous débrouiller seuls dans notre quête de nourriture, quelque chose d'irremplaçable nous manque : l'amour.

Celui qu'elle nous distribue sans compter et que nous lui portons en retour.

Amour contrarié par l'absence.

Les journées suivantes, soudés les uns aux autres et comme rivés au petit coin de terre sur lequel nous avons vu le jour, nous attendons, et attendons encore, animés d'une foi qui se refuse à nous quitter.

Mais la faim nous tenaille. Vient le matin où nous devons nous résoudre à nous disperser et à repartir chacun de notre côté, qui vers une plage, qui vers un coin du village où il a repéré de quoi se nourrir.

À la tombée du soir, retour au bercail, le ventre plus ou moins calé, mais face au vide qui nous laisse un trou béant à la place du cœur.

Où et comment a-t-elle pu disparaître ? Qui lui a fait du mal, ou pire encore ?

Quel humain diabolique lui a ôté la vie, nous l'a volée… le saurons-nous jamais ?

Nous sommes orphelins.

Grandir

J'ai six mois à peine au compteur, presque encore un bébé, et pourtant il me semble que mon corps se transforme déjà ou, pour être plus précise, que quelque chose de très étrange est en train de se passer à l'intérieur. Je ne saurais dire quoi exactement.

Mon apparence aurait-elle elle aussi évolué en l'espace de quelques jours ? Ces derniers temps je constate au hasard de mes sorties que les mâles n'ont plus à mon égard cet air d'indifférence auquel j'étais jusqu'alors habituée. Ils me considèrent, me dévisagent même. D'où vient donc l'intérêt soudain qu'ils me portent ? Existerais-je enfin à leurs yeux ? Et pour quelle raison trouble me lancent-ils ces regards de convoitise ?

Les plus hardis se hasardent à s'approcher pour me renifler avec insistance à un endroit de ma personne que la décence me déconseille de préciser.

Que se passe-t-il ? Voilà qu'en procédant à ma toilette du matin, j'aperçois un peu de sang coagulé à la jonction de mes pattes arrière et de ma queue.

Un étrange saignement indolore, puisqu'en inspectant cette partie de mon corps je ne constate aucune blessure.

Je lèche cette souillure, dont la cause m'est inconnue et m'étonne. Elle se reproduit presque aussitôt ; du sang frais que je m'empresse de faire disparaître. Peine perdue : l'écoulement continue.

Bref, vous l'avez compris avant moi : j'ai mes premières chaleurs.

Il m'est arrivé de remarquer le harcèlement dont certaines chiennes errantes, comme moi, pouvaient être l'objet de la part des mâles. Manège incompréhensible qui n'avait pas manqué de m'intriguer.

Une horde de chiens poursuivait la malheureuse élue, jusqu'à ce que le plus entreprenant finisse par lui sauter dessus et la contraigne à se soumettre, disqualifiant ainsi les autres prétendants, lesquels s'éloignaient en maugréant, mécontents et frustrés.

L'accouplement subi ne durait que quelques minutes, et la femelle ne se débattait pas, prenant son mal (et son mâle) en patience. Tyrannie de la nature.

À peine un instant après la dernière secousse, tout désir éteint, l'amant satisfait reprenait seul le chemin de ses vagabondages habituels.

Pour lui, fin d'une histoire de désir unilatéral, et pour la femelle engrossée, début d'une ribambelle de complications et de responsabilités dans une existence déjà difficile à assumer lorsqu'on n'a d'autre souci que sa propre survie.

C'est ce qui était arrivé à ma pauvre mère. Ce qui m'arriverait bientôt ?

*

Cadeau empoisonné que la vie, d'accord, mais je suis vivante, vous comprenez, VIVANTE ! Après tout, jamais personne n'a demandé à venir au monde, ni vous ni moi, mais puisque le destin en a décidé ainsi, autant faire avec.

En six mois d'existence terrestre, j'ai connu l'amour inconditionnel d'une mère, sa chaleur, ses élans de tendresse, ses mouvements d'humeur parfois, et puis le bien-être, le sentiment de plénitude qu'on éprouve à s'endormir contre ses frères et sœurs, mais aussi la peur, la soif, la faim, des plaisirs olfactifs divers et variés, la découverte de nouveaux champs d'exploration, et récemment, la douleur d'être orpheline. C'est beaucoup pour un début, trop sans doute, mais qu'y puis-je ?

Ce soir, je regagne notre repaire la faim au ventre, mais, paradoxalement, pas le ventre vide.

Je n'ai pas eu le temps d'atteindre les bouis-bouis et les paillotes du littoral, mes points d'approvisionnement habituels, repérée en chemin par une troupe de mâles visiblement peu disposés à me laisser leur échapper. Chienne en chaleur… je fais une proie toute désignée pour des mâles en rut.

Cernée, j'ai d'abord essayé de les décourager en m'asseyant par terre, résolument, comme rivée au sol. Ma priorité : protéger mon sexe en leur en empêchant l'accès.

Pour faire bonne mesure je leur ai aussi montré les dents, mais rien à faire.

Au contraire, ça les a excités, ils se sont mis à frétiller de plus belle, à se bousculer en bavant de convoitise, à se battre même, à seule fin d'être le premier à pouvoir m'approcher.

J'ai alors changé de tactique, et me suis enfuie en cavalant aussi vite que mes forces me le permettaient. J'ai couru le plus longtemps et le plus loin possible, jusqu'à ce que, haletante, je finisse par m'arrêter, croyant les avoir semés, m'être débarrassée d'eux.

Erreur.

Hors d'haleine, oui, mais pas hors d'atteinte.

Guidés par leur instinct doublé d'un odorat infaillible, ils ont brusquement déboulé de derrière les taillis où je m'étais réfugiée. Et j'ai compris que résister ne servait à rien, je ne leur échapperais pas.

L'un d'eux, plus déluré que les autres, s'est détaché de la horde. On aurait pu nous croire frère et sœur, tant nous nous ressemblions, mi-renard, mi-chacal. Je savais pourtant qu'il n'était pas l'un de mes frères, car son odeur ne m'était pas familière.

En deux temps trois mouvements, il s'est agrippé à mes flancs, collé sur mon dos, contre moi, en moi. Tout s'est passé très vite, je n'ai rien fait pour me débattre ou lutter contre mon agresseur. La nature commandait, imposant que tout se déroule ainsi. Son affaire terminée, il s'est éloigné sans un regard. La horde s'est dispersée. Je me suis retrouvée seule, sonnée, endolorie.

Après avoir un peu récupéré mes esprits, j'ai repris la direction du repaire, où ma fratrie revient encore dormir par habitude, bien que de façon plus irrégulière qu'auparavant. Certains d'entre nous découchent de plus en plus souvent, mais nous sommes tous vivants. Nous gardons en commun une absence irremplacée, et le même besoin de nous rassurer en dormant les uns auprès des autres.

*

Je ne saigne plus, ce qui me permet de circuler de nouveau sans être importunée par mes congénères mâles, et de vaquer en toute tranquillité à mes occupations, dont la principale est d'aller mendier aux terrasses.

Manger reste ma priorité, d'autant que dernièrement, pour des raisons qui m'échappent, mon appétit déjà féroce a décuplé. Je suis prise de plus en plus fréquemment de fringales terribles et, comble de malchance, la haute saison touristique semble tirer à sa fin, entraînant la disparition de mes principaux centres de ravitaillement. L'un après l'autre, paillotes et bistrots remballent, ferment. Chaises de plastique empilées, tables entreposées à l'arrière des cahutes de bois ou de parpaings. Place nette, plage déserte.

C'est par conséquent le retour forcé aux poubelles, et à une lutte âpre pour en tirer sinon les morceaux de choix, au moins quelques rognures plus ou moins avariées qui tromperont ma faim.

Inutile de préciser que je préfère de très loin m'adonner au racolage auprès des vacanciers attablés, en leur coulant mes regards les plus doux, les plus suppliants.

Sans modestie aucune, je reconnais avoir acquis à cet exercice un réel savoir-faire. J'en veux pour preuve qu'à des très rares exceptions près, ceux et celles sur lesquels je jette mon dévolu fondent littéralement.

Que voulez-vous, je plais.

Lutter

Le milieu des fouilleurs de poubelles est un monde sans pitié, de rivalité systématique et de bagarres acharnées entre les plus démunis, borgnes, boiteux, estropiés. Malgré un naturel peu agressif, j'en arrive à me battre contre chiens et chats avec une hargne qui me surprend moi-même, pour un simple bout de gras de jambon, un os de poulet ou une croûte de fromage. Il n'est d'ailleurs pas rare que je ressorte de ces tristes festins écorchée, balafrée ou oreilles en sang, échancrées à coups de dents (tout comme ma pauvre mère), parfois même les pattes entaillées par des tessons de bouteilles mélangés aux déchets comestibles.

Mais comprenez-moi, même si cette quête quotidienne m'expose au danger, quel que soit le prix à payer, il *faut* que je m'alimente. C'est une question de vie ou de mort.

Et quand je parle de vie, mon instinct me dit qu'il ne s'agit plus seulement de *ma* vie : jour après jour, je ressens les signes infimes d'une transformation qui s'opère en moi, quelque chose comme une autre vie, qui bouge et grandit à l'intérieur de la mienne.

J'ai beau avoir l'air d'un sac d'os, mon ventre ne tarde pas à s'arrondir au point de m'encombrer et de me gêner dans mes mouvements et mes déplacements. Il me fragilise aussi, et me jeter dans la mêlée des affamés devient de moins en moins envisageable, trop périlleux. Je vais devoir renoncer à la ruée vers les tas d'ordures.

*

La saison humide a commencé, et il pleut des cordes à longueur de journée. Vu la raréfaction des touristes, je sais que la plupart des restaurants ont fermé, mais dans l'espoir fou de trouver une paillote encore ouverte, je tente une virée du côté des plages. Tristes déserts de sable noir sous le ciel plombé, plus sinistres encore par ce temps à ne pas mettre un humain dehors.

Au loin, sur une partie du littoral moins fréquentée par les vacanciers, les taches colorées des barques de pêche. Après tout, les pêcheurs sont des hommes comme les autres, et si j'en rencontre un en chemin, peut-être sera-t-il mieux disposé à mon égard que les humains de l'intérieur des terres, toujours prompts à nous chasser en nous injuriant comme la pire des vermines. Le pêcheur, même natif d'ici, est-il un être à part, aimable et bienveillant comme le sont les vacanciers ? Et si la mer adoucissait les mœurs ? À vérifier, en restant prudente. On ne sait jamais…

Le moins qu'on puisse dire est que l'eau n'est pas des plus avenantes, couleur de boue, saturée d'algues brunâtres, vide de baigneurs, de surfeurs et de bateaux.

Personne non plus du côté des barques remontées sur le sable. Plus je m'approche, plus l'odeur forte des filets étendus à terre, fleurant encore la pêche qu'ils ont rapportée, me fait saliver. Il y a peut-être entre ces coques de bois ne serait-ce qu'un minuscule poisson passé au travers des mailles.

Infaillible, mon flair me dit que oui, et mon museau chercheur finit par me le confirmer.

Bonne pioche. Je me régale d'une quantité de petits laissés-pour-compte ensablés, enrobés de grains qui craquent un peu trop sous la dent, mais qu'importe ; sous cette pluie battante décourageant la concurrence, je n'ai à disputer ma pêche miraculeuse à personne, pas même aux mouches. Je me tiens malgré tout sur mes gardes, prête à filer, des fois qu'un porteur de bâton mal intentionné s'approche en traître et me surprenne en pleine dégustation.

Mais non. Mon repas de fête s'achève sans avoir été interrompu, et je m'éloigne sans demander mon reste. Du reste, quel reste ? Je n'ai rien laissé, pas une tête, pas une queue, pas une arête.

Un jour de chance.

Cela existe donc.

Je reviendrai.

Je me familiarisc peu à peu avec les gens du bord de l'eau, ces hommes qui entraînent leurs barques vides vers le large pour les ramener à terre chargées d'un butin frétillant. Assez vite je me rends compte que je ne suis pas la seule à connaître le coin. D'autres chiens attendent les retours de pêche avec un intérêt pareil au mien.

De temps à autre, je dois me chamailler un peu avec eux pour faire valoir mes droits de future mère affamée, mais sans que cela dégénère en pugilat comme autour des poubelles.

On ne peut pas dire que ces chiens-là sont *mieux élevés*, puisque personne ne s'est chargé de leur éducation, mais ils se montrent plus pacifiques, plus courtois. Des gentlemen à l'état sauvage, galants avec les filles. Peut-être est-ce lié aussi au respect qui m'est dû, au vu de mon ventre porteur de vie.

Entre-temps, mes frères et sœurs se sont comme moi émancipés, et ont quitté notre repaire, changé de repères. Sans Maman, ce lieu n'avait plus de sens, et petit à petit, j'ai fini par m'en éloigner.

Je n'y retourne plus.

Au gré de mes errances quotidiennes, il arrive que je croise l'un ou l'une d'entre nous, et nous nous reconnaissons aussitôt, autant à l'allure qu'à l'odeur. Un air de famille identifiable entre tous. Nos queues s'agitent alors par instinct, nos museaux se rapprochent et se hument l'un l'autre, se frottent dans un élan d'affection. Quand nous faisons un petit bout de chemin côte à côte, nous ressentons une exaltation soudaine à folâtrer ensemble comme au bon vieux temps. Puis, je ne sais pourquoi, nous

nous séparons pour repartir chacun de notre côté, désormais voués à une vie sans famille.

*

Récemment, un jour d'orage où s'abattait sur moi une pluie diluvienne, et où je commençais à paniquer sérieusement en me sachant si loin de *la maison*, j'ai par le plus grand des hasards trouvé refuge dans un endroit moins éloigné des plages. Comme quoi, à quelque chose malheur est bon, parfois.

Invisible de la petite route qui serpente à proximité, ce nouveau gîte me paraît assez proche de l'idéal : isolé mais pas trop, et délimité par un rideau d'épais bosquets qui me protègent des importuns. Passants et promeneurs éventuels ne peuvent ni me voir ni soupçonner ma présence, et en cas de grosse averse, je reste pratiquement au sec grâce au feuillage dense des arbres surplombant mon lit. Comparé à l'ancien repaire, je n'ai pas perdu au change.

D'emblée je m'y suis sentie chez moi, à l'aise, sécurisée par les bavardages incessants de mes voisins du dessus, les oiseaux. Je suis obligée de reconnaître qu'ils radotent un peu, mais qu'importe si leur conversation tend à tourner en rond ; ce ronron-là me va, c'est une musique de fond assez gaie.

À la nuit tombée, ils se trouvent en général à court d'arguments et se taisent, à moins que ce ne soit la fatigue qui leur cloue le bec. Dans le silence relatif, je peux écouter mon ventre qui me dit que je ne suis pas seule.

J'ignore combien ils sont là-dedans, mais, croyez-moi, ça commence à remuer et à peser son poids. Je ne dois pas les nourrir trop mal, même si mes menus ne sont constitués pour l'essentiel que des petits poissons échappés des filets.

Par goût personnel, j'aurais plutôt une préférence pour les croûtes de fromage et les restes de côtelettes, mais que voulez-vous, c'est déjà beau de ne pas crever de faim.

N'empêche, je me surprends à saliver à la simple évocation d'un morceau de gruyère ou de camembert, et j'avoue sans honte que je tuerais pour un pilon de poulet ; il est cependant hors de question que je me traîne jusqu'à la ville et que je coure le moindre risque de me faire attaquer, malmener, blesser, voire pire.

J'ai charge d'âmes, vous comprenez.

En conséquence de quoi, c'est *poisson cru au sable* à tous les repas.

Mes congénères mendiants des retours de pêche ont de bonnes têtes, et je trouve assez généreux de leur part de ne pas me disputer les meilleurs restes. La plupart du temps, ils me laissent manger à ma faim, qui est énorme, malgré ma petite taille.

Eux sont de races et de gabarits divers ; des croisements de hasard pour la plupart, bien que certains aient l'allure de purs labradors, qui n'hésitent pas à se jeter dans les vagues pour récupérer un bâton de bois flottant qu'ils rapportent sur le sable et qu'ils rongent ensuite pour le plaisir. Ils s'amusent d'un rien, c'est leur tempérament, et l'eau est leur élément, pas le mien. Passer la moitié de mon temps à traîner le long des plages ne m'a pas familiarisée pour autant avec la mer.

Les pêcheurs ne nous chassent pas à coups de pied, ils nous ignorent le plus souvent, du moment que nous restons à bonne distance pendant qu'ils déchargent le poisson dans des caisses qu'ils entassent à l'arrière de camionnettes, lesquelles filent ensuite vers la ville et les marchés. Une fois qu'ils ont fini d'étaler leurs lourds filets sur le sable, ils nous laissent le champ libre pour grappiller le menu fretin.

De fait, nous sommes une véritable équipe d'éboueurs qui nettoyons leur coin de plage des déchets qui n'auront pas le temps de pourrir, et chacun y trouve son compte.

Entre eux et nous, une sorte de pacte tacite : ils tolèrent notre présence, à condition que nous n'empiétions pas sur leur territoire. Nous n'essayons jamais de pénétrer dans leurs baraques, pas plus que dans les jardins situés à l'arrière, ni dans les enclos où caquettent des poules. Et même si certaines nourritures qu'ils préparent pour eux-mêmes ont un fumet à damner un chien, pas touche !

Le risque est trop grand, et la crainte nous retient d'aller chaparder quoi que ce soit.

Comme seuls extras à notre régime *poissonnier*, des quignons de pain rassis qu'ils veulent bien nous balancer dans leur extrême générosité.

Nous n'attendons rien de plus de leur part ; pas de caresse, ni même l'esquisse d'un geste affectueux ou un petit mot gentil. Mon instinct me dit qu'au fond ils ne nous aiment pas. Admettons qu'ils nous supportent. Nuance.

Peut-être aussi ont-ils un intérêt particulier à nous garder ainsi dans leurs parages, à portée de main, mais lequel ?

Départs et arrivées

À proximité du petit hameau de bord de mer, un ponton de bois où viennent parfois s'amarrer des embarcations un peu plus importantes que de simples barcasses de pêcheurs.

Entre deux averses, cette avancée de planches disjointes fait aussi office de solarium pour ceux d'entre nous que la présence de l'eau ne dérange pas, et qui délaissent le sable pour aller s'y prélasser. Personnellement, je m'abstiens. L'incessant clapotis des vagues là-dessous, très peu pour moi.

Même si mes préoccupations de future mère tendent à me rendre plus solitaire encore que je ne le suis par nature, j'aime bien côtoyer mes copains de la plage, petits ou grands gaillards qui me protègent et ne me disputent jamais ma pitance.

Pas de ruée ni de lutte, et c'est tant mieux, car mes pauvres oreilles, déjà tout échancrées par les griffes des chats et les dents de cabots belliqueux, gardent à jamais les séquelles de mes anciennes batailles nourricières.

La seule chose qui m'ennuie et m'attriste, c'est que d'un jour à l'autre, sans préavis, hop, l'un de nous disparaît de la circulation, et ne reparaît plus. On ne devrait pas s'attacher. Les amis vous quittent pour un oui pour un non, et après ils vous manquent.

C'est bizarre tout de même.

Comme par hasard, cela coïncide presque toujours avec l'arrivée d'un bateau assez gros qui reste en rade, bientôt accosté par une ou deux barques de la plage. Ces jours-là, je ne pourrais pas le jurer, mais au travers du fracas des vagues, il me semble bien entendre au loin japper et gémir.

D'autres fois, ce sont des hurlements à fendre le cœur qui déchirent la nuit, et dont l'écho résonne jusque dans mon refuge, pourtant situé assez loin du rivage.

Alertée, je reste un temps sur mes gardes, puis le silence retombe, traversé des petits bruits habituels qui me rassurent, et je me rendors.

Nous autres chiens avons l'ouïe fine, et je parierais que mes copains ont entendu eux aussi ces cris alarmants qui devraient leur mettre la puce à l'oreille ; mais ils sont comme moi, trop préoccupés par leur propre survie pour que ces indices les inquiètent au point de les mettre en fuite.

Décamper de cet endroit ne nous traverse même pas la tête, puisqu'on ne nous en chasse pas. Rester ici, c'est pouvoir manger à peu près à sa faim, sans courir chaque jour, comme en ville, de multiples dangers.

C'est du moins ce que nous croyons.

*

Ces derniers temps, il faut bien dire que mon ventre mobilise toute mon attention. De fait, je ne suis plus guère qu'un ventre sur le point d'exploser et de se vider de son contenu. Aussi suis-je contrainte à ne plus bouger de ma litière, et à jeûner, puisque je ne peux même plus me traîner jusqu'à la plage des pêcheurs.

Soudain, je sais que la délivrance est proche, qu'elle est là.

Des spasmes parcourent mes flancs et me clouent au sol, haletante. Je n'ai pas mal, enfin pas trop, mais je sens qu'il s'en passe de drôles, à la fois en moi et hors de moi, à la jonction de mes pattes arrière, toute une vie remuante en train de se frayer un passage pour atteindre l'air libre. Combien sont-ils donc ?

Un, puis deux, puis un court moment plus tard, un dernier.

Trois petites choses visqueuses qui font plus penser à des taupes ou à des musaraignes qu'à des chiens, mais enfin ce sont mes enfants, la chair de ma chair, et je les aime déjà.

Pour preuve : sans m'accorder un seul instant de répit, alors que je me sens exténuée, vidée au propre comme au figuré, je me mets en devoir de procéder à leur première toilette, les léchant l'un après l'autre, après avoir coupé à coups de dents le cordon qui les reliait encore à mes entrailles.

Ne me demandez pas qui m'a appris l'indispensable b.a.-ba de la jeune mère : personne ne m'a indiqué la marche à suivre, et j'accomplis ces gestes avec un savoir-faire qui ne m'étonne même pas.

C'est naturel. Comme si mes bébés étaient venus au monde avec le mode d'emploi incorporé.

Qu'ils sont beaux ! À mes yeux en tout cas. Deux garçons et une fille, aussitôt nés, aussitôt affamés et rivés à mes mamelles. Trois petites pompes à lait.

Couchée sur le flanc, je me trouve dans la position exacte de ma chère mère il y a quelques mois, celle qu'adopte d'instinct toute maman-chien afin de laisser libre l'accès de son ventre à ses rejetons, vampires assoiffés et bien décidés à la vider de sa substance vitale.

Les rôles sont bien distribués : elle n'est là que pour eux, et eux ne connaissent qu'elle.

C'est dans l'ordre des choses, et je prends mon mal en patience, même si je dois reconnaître que je crève littéralement de faim.

Mon dernier repas remonte à plusieurs jours, et dès que mes petits seront repus (s'ils le sont jamais), je m'autoriserai une expédition vers mon point de ravitaillement le plus proche.

Les laisser si jeunes livrés à eux-mêmes ? Vous êtes drôles, vous, j'y suis bien obligée ! Doublement, même, car non seulement je dois m'alimenter pour rester en vie, mais aussi pour être en mesure de leur fournir leur dose quotidienne de lait.

Après m'être assurée que ma nichée est endormie, bien à l'abri de la litière de terre où mon odeur leur tient lieu de giron rassurant, je m'éloigne en direction de la plage des pêcheurs.

Affamée comme toujours, efflanquée comme jamais, mamelles ballottantes, lorsque enfin j'atteins l'alignement des barques au repos, déception : soit la pêche a été mauvaise, soit j'ai été devancée par mes amis habitués, qui ne m'ont presque rien laissé à glaner entre les filets. Trois-quatre crevettes, des algues, et beaucoup de sable.

Je rentre au bercail aussi vide que j'en suis partie, et retrouve à l'endroit exact où je les ai laissés mes trois bébés endormis. Mes amours, mon trésor, ma vie.

J'en oublie presque la faim qui me tenaille.

Je m'allonge et m'endors près d'eux. Demain est un autre jour, peut-être porteur de chance, qui sait…

Bien avant l'aube, trois ventouses avides me tirent de ma torpeur, et je dois m'abandonner à leur assaut. Une résignation maternelle, qui malgré mon délabrement physique et la faim atroce qui elle aussi s'est réveillée, m'apporte une forme de plénitude.

Encore une fois, ne me demandez pas d'explication. Je constate, c'est tout.

Pour tenter une nouvelle opération *ravitaillement*, j'attendrai que mes petits soient gorgés de lait et sombrent dans le sommeil de la digestion.

L'estomac dans les talons (ou pour être plus exacte, dans les coussinets), je parviens jusqu'à la plage des pêcheurs, inhabituellement désertée. Pas un chien vagabond en vue.

Ceci expliquant peut-être cela, le sable est jonché d'une quantité inhabituelle de déchets comestibles qui, à défaut d'être de premier choix, vont me caler l'estomac. Je ne saurais dire s'il s'agit de morceaux de poisson ou de viande, car au goût comme à la substance, je situerais cette chair blanchâtre[1] entre les deux.

Qu'importe, je me remplis suffisamment le ventre pour pouvoir reprendre des forces et continuer à assurer mon rôle de mère.

Plusieurs jours passent, sans accroc. Même si je n'arrive à me nourrir que de façon anarchique, et souvent insuffisante, mes enfants, eux, déglutissent avec une régularité et une voracité qui font plaisir à voir. Ils profitent.

Aussitôt après leur naissance, j'ai appris à m'organiser, à caler mes sorties indispensables lors de leurs siestes, lorsqu'ils s'endorment repus. C'est le cas aujourd'hui, où après un dernier regard attendri sur ma nichée, sur la pointe des pattes, je m'esquive en direction du littoral.

1. Du requin ?

Le piège

Encore un jour de grisaille, englué sous le même crachin qu'hier et avant-hier. La plage des pêcheurs est aussi désolée et désolante que lors de ma dernière visite infructueuse. Où sont passées les présences amies auxquelles j'avais fini par m'habituer, même si cela supposait de partager à plusieurs une pauvre pitance ?

Désert, l'endroit ne l'est pas tout à fait cependant, puisque les hommes sont là, à proximité.

Je les sens. Relents de tabac brun et d'alcool, mêlés à différentes odeurs corporelles. La mer est mauvaise, *démontée* comme ils disent, les obligeant à rester à terre. En approchant encore, j'entends leurs conversations animées.

À distance, je les observe, debout ou assis sur le pas de leur porte, parlant fort avec de grands gestes, et de temps en temps partant d'un rire sonore qui les plie en deux en les faisant se taper sur les cuisses. Nous autres chiens ne rions pas. C'est le propre de l'homme, pas le nôtre.

Nous ne savons que sourire, remuer la queue et sauter de joie. Enfin, c'est ce que j'ai entendu dire, car à bien y réfléchir, l'occasion de sauter de joie ne m'a pas encore été donnée.

De mes expériences douloureuses dans les poubelles et les dépôts d'ordures, j'ai tiré une seule leçon : a priori, ne rien attendre de personne, chien, chat, ou humain. Cela ne vous expose qu'au danger de se faire mordre, griffer ou lapider.

En revanche, je reconnais que certains de mes compagnons de la plage se conduisaient en véritables gentlemen. Que ce soit par simple respect pour mon sexe, ou mon état de fille-mère, rien à redire à leur attitude vis-à-vis de moi : ils s'arrangeaient toujours pour me laisser les meilleurs morceaux. Où sont-ils partis, ces bons copains ? Sur quelle plage mystérieuse et inconnue de moi se prélassent-ils aujourd'hui ?

J'en suis là de mes réflexions lorsque j'entends un sifflement humain. C'est l'un des pêcheurs qui accompagne le bruit flûté d'un moulinet de main :

— Fufufufuuu… viens par ici, toi ! allez, approche, viens, viens…

Les yeux rivés sur lui, je ne bouge pas, prête à prendre la fuite à la moindre alerte.

Il insiste, « fufufufu », sans résultat.

Je le vois alors disparaître à l'intérieur de sa baraque, pour reparaître avec quelque chose au creux de sa main largement ouverte.

D'où je me tiens, je distingue mal, alors que mon odorat, lui, m'a déjà renseignée sur la nature de ce que l'homme tend dans sa paume tournée vers le ciel : un vrai morceau de viande crue.

À cette seule vision, je me surprends à saliver malgré moi, sans oser pour autant bouger d'un millimètre.

S'engage alors en moi une lutte acharnée entre la crainte que m'inspirent ces êtres imprévisibles, dont certains peuvent s'avérer de redoutables ennemis, et d'autres de sympathiques alliés, comme les vacanciers de la plage touristique.

À quelle catégorie appartient le pêcheur qui s'est accroupi pour mettre son offre en évidence, et m'en rendre l'accès plus facile ?

Autour de lui, j'entends rigoler. Les commentaires et les paris fusent :

— Héhéhé... Méfiante hein !... Pas folle la guêpe ! Ksss ksss... Alors, viendra, viendra pas ?

Est-ce la raison ou l'instinct qui me souffle de déguerpir, alors que l'odeur de ce bout de viande m'attire comme un aimant ?

Ma faim me hurle *Vas-y*, et l'emporte d'une courte tête.

À pas prudents, c'est du moins ce que je crois, je me rapproche de l'homme qui d'une voix doucereuse ne cesse de me parler.

— Viens là, maigrichonne, approche, c'est pour toi...

Pas plus qu'on n'attire les mouches avec du vinaigre, on ne peut avoir le moindre succès auprès d'un animal si on lui crie dessus. Aussi n'est-il pas impossible qu'en lieu et place de *maigrichonne*, il m'ait appelée *charogne*, mais sur un ton assez mielleux pour ne pas éveiller mes soupçons et me faire fuir.

Avec lenteur, comme marchant sur des œufs, je finis par franchir l'espace qui nous séparait, et ne me trouve plus qu'à quelques centimètres du but, prête à me saisir de son offrande, prévoyant de décamper illico avec mon butin.

Élan arrêté net.

Prise au collet, agrippée par une main que je n'ai pas vue venir, me voilà soulevée dans les airs.

Des voix s'esclaffent en chœur :

— Ah la salope, tu l'as bien eue !

Témoins et complices saluent la dextérité de l'exécutant, leurs bouches tordues ricanent. Faces de gargouilles, laids au-dehors comme au-dedans. Pas un pour rattraper l'autre, ressentir ou exprimer un semblant de pitié.

Passé le premier saisissement de surprise qui m'a immobilisée, la panique me prend : je gigote et me débats, pédalant dans le vide avec l'énergie du désespoir ; mais l'homme qui me tient maintenant à bras-le-corps n'a pas l'intention de me laisser m'échapper, et mes tentatives pour le mordre restent vaines. Ses bras d'une force inouïe m'enserrent à m'étouffer, et je n'ai d'autre choix que de me laisser faire, d'abandonner une lutte perdue d'avance.

Comme ficelée, je suis emportée vers l'arrière de la maison jusqu'au portail de ce qui me semble être un enclos grillagé, où il me jette sans ménagement, comme un paquet de détritus. La porte en bois se referme.

Sur moi, sur ma liberté, sur ma vie.

Prisonnière.

Et à cause de quoi, je vous le demande ? Un pauvre appât, dont je n'aurais fait au mieux qu'une ou deux bouchées, un amuse-gueule ridicule.

J'aurais dû n'écouter que mon instinct, pas mon odorat, et moins encore ma faim.

Se méfie-t-on jamais assez des humains dans leur ensemble ? La plupart ne nous veulent que du mal, et dès qu'ils en ont la possibilité, ils nous en font.

*

Combien de temps ai-je attendu dans cet enclos puant l'urine, les excréments et la peur ? Deux jours ? Plus ? Sans l'ombre d'un os à ronger, est-ce utile de le préciser. Seul luxe à ma disposition dans ma cellule : une gamelle où croupit un fond d'eau au goût putride.

J'ai évidemment du mouron à me faire pour mon propre sort. Ne sachant celui qui m'est réservé, je crains le pire, mais il y a plus grave encore : en mon absence, que deviennent mes petits ? Ils me cherchent et ne me trouvent pas. Ils ont faim, et je ne suis pas auprès d'eux pour les réconforter, les nourrir.

Épouvantée, déchirée par cette séparation contre-nature, je tourne en rond comme une hystérique. Peine perdue.

Rassemblant mes esprits et mes forces, j'entreprends de creuser un trou dans le sol de terre battue avec l'espoir de réussir à me faufiler sous le grillage. Mais les hommes ont tout prévu : celui-ci est enfoui assez profondément pour empêcher toute évasion, et je m'épuise en vain.

De la cellule contiguë à la mienne me parviennent des gémissements à fendre l'âme. Dans l'interstice laissé entre deux planches pourries disposées le long de la clôture, j'aperçois d'autres chiens, d'un gabarit plus imposant que le mien, emprisonnés comme moi.

À mieux les observer, j'en identifie un, puis deux, puis trois : non !… mes copains de la plage, mes chevaliers servants ! Moins fringants qu'à leur habitude, loin s'en faut, au point d'être devenus quasi méconnaissables, l'ombre d'eux-mêmes, pelés, queue en berne, prostrés.

Et c'est quoi, ces crochets plantés dans leur museau, transperçant la chair de part en part, et dont les pointes ressortent juste sous la truffe ?

Je vous en prie, dites-moi que je rêve, que tout ceci n'est qu'un cauchemar, et que je vais me réveiller. Mais non, je ne rêve pas.

Qui a pu leur faire ça, et dans quel but ?

Je me dis qu'à leur place, telle que je me connais, j'aurais trouvé un moyen pour me débarrasser de cette ferraille qui leur traverse les babines, à l'aide de mes pattes avant, ou en me frottant la tête contre le grillage… enfin… je ne sais pas… quelque chose !

C'est probablement ce que les malheureux ont tenté de faire, et ils ont compris leur douleur. D'où l'apathie résignée dans laquelle je les vois à présent.

Ils m'ont vue aussi, ou du moins aperçue, mais ne réagissent plus, comme s'ils étaient ailleurs, déjà.

Bien qu'une zone d'ombre subsiste encore quant au sort exact que ces hommes nous réservent, et à l'usage qu'ils comptent faire de nous, je commence à comprendre où je suis : ici même, entre les cloisons suintantes de crasse et de douleur, des atrocités sont commises, et cette prise de conscience m'atteint de plein fouet.

Une peur viscérale me prend aux tripes.

Je vous jure que si j'avais quelque chose dans l'estomac ou dans le ventre, je vomirais ou me répandrais par l'arrière, là, tout de suite, mais je suis vide, désespérément vide.

Seul un peu de lait gonfle encore mes tétines. Un lait inutile qui ne peut même pas nourrir mes enfants affamés, là-bas…

Livrés à eux-mêmes, cherchent-ils désespérément mon odeur, ma présence dans notre repaire ? Comment font-ils pour se maintenir en vie sans une mère pour les alimenter, les protéger ?

Je me sens devenir folle à cette seule pensée qui ne me lâche pas un instant. (Oui, pour ceux qui en doutaient encore, sachez-le, je pense.)

J'en suis là, c'est-à-dire au plus bas, lorsque j'entends des pas et des voix se rapprocher. La porte de l'enclos s'ouvre sur deux hommes que je connais déjà. Deux saletés d'humains, celui qui a réussi à me piéger à l'aide du foutu bout de viande qu'il me tendait, et l'autre, celui qui m'a empoignée et trimballée de force ici pour m'y laisser croupir sans manger ni boire.

Viennent-ils me libérer ? Sait-on jamais avec ces mauvais bougres… mais non : la porte de l'enclos où ils se tiennent plantés à trois enjambées de moi s'est déjà refermée derrière eux. Dans un réflexe d'autoprotection désespérée, je cours me tasser vers le recoin opposé, tout contre la clôture, à la fois terrorisée et révoltée, les babines retroussées sur des crocs que je voudrais menaçants.

Mais les deux lascars n'ont que faire de la rébellion dérisoire d'une petite sauvageonne efflanquée.

Selon toute vraisemblance, ils en ont vu d'autres, et mes dents pointues ne les impressionnent en rien. L'un des deux s'avance, s'accroupit à ma hauteur, tend vers moi son bras droit pour m'attraper par la peau du cou, et afin de parer à toute éventualité de morsure, me cloue la gueule de sa main gauche encore libre.

Vaincue, à bout de forces, je renonce à lutter pour me dégager. Abandonnée, inerte, déjà morte.

L'autre peut alors s'avancer et faire ce qu'il a à faire. Dans ses mains, de la ferraille et de la ficelle. Ou de la corde, je ne sais pas.

Celui qui me maintient saisit ma patte avant gauche pour l'immobiliser afin que son complice puisse agir sans que je me remette à gigoter. Qu'ont-ils donc en tête, ces deux bourreaux de chiens ?

Ce n'est pas vrai, pas ça, ce n'est pas possible. Et pourtant si.

Je sais désormais à quoi était destiné le grand crochet dont il s'était muni : il vient de me l'enfoncer dans la patte. Le métal a traversé la chair, effleuré l'os, déchiré des ligaments d'une phalange, pour ressortir par-dessous, entre les coussinets.

Mon hurlement se perd en un long couinement étouffé par la main-étau qui m'enserre la gueule. S'ajoute à la douleur un désespoir absolu : comment vais-je marcher désormais, avec seulement trois pattes valides ? Comment vais-je pouvoir rejoindre mes petits, si je les revois jamais ?

Mes tortionnaires s'en foutent ; apparemment, ils ont d'autres projets pour moi, mais j'ignore encore lesquels.

La seule chose que je comprends, c'est que ces types sont des fous dangereux. Sanguinaires, déterminés et calmes, indifférents à la souffrance qu'ils infligent délibérément à d'autres êtres.

Des humains inhumains.

Je reste sonnée, sous le choc, cisaillée par le morceau de ferraille.

En ont-ils terminé ? Non, le supplice continue : ils entreprennent à présent de me planter un fil de fer dans le crâne.

Un fil de fer ! mais pour quoi faire ? vous demandez-vous à juste titre et en faisant des rimes sans le vouloir.

La douleur a beau être un peu moins vive que celle qui rayonne de ma patte, ça saigne beaucoup. J'en ai plein les yeux, plein les poils, partout. Dans l'enclos à côté, j'entends mes voisins de captivité pousser des gémissements de compassion impuissante.

Merci à eux, mes frères de misère.

Dans ma courte existence bien remplie, j'ai déjà rencontré l'agressivité et la méchanceté des humains, leur bonté aussi, parfois ; leur cruauté poussée à ce degré, jamais.

Vais-je devoir quitter le monde sur ce dernier aperçu de la vie ?

Les deux monstres me reposent à terre sans ménagement. Pas une once de pitié pour la loque sanguinolente et claudicante que je suis devenue par leurs soins en une poignée de minutes.

Au contraire, ils m'ont l'air satisfaits de leur travail. Du beau boulot, vraiment.

Pour reprendre leur langage, me voilà *préparée.*

Préparée ? Mais à quoi ? Eux seuls le savent pour l'instant. Même si je pressens le pire, mon imagination reste encore très en dessous de la réalité.

Cette réalité, je la comprendrai plus tard : le fil de fer passé par les deux incisions pratiquées entre mes oreilles constitue une boucle assez solide. Les pêcheurs y fixeront ensuite un filin destiné à me tracter après qu'on m'aura flanquée à l'eau.

Rien que de très logique : il ne viendrait à l'idée de personne de partir pêcher à la ligne… sans ligne ! Me voilà donc devenue *asticot*, entortillée à un hameçon, prête à être jetée en pâture au premier requin affamé dont je croiserai la trajectoire, ou à celui qui, flairant mon sang à distance, rappliquera à bride abattue.

Mes tortionnaires ressortent de l'enclos, et dans le coin où je me suis rallongée, recroquevillée sur ma douleur, je lèche la seule blessure accessible à ma langue, celle de ma patte. Mon crâne, mes oreilles, mes joues et le pourtour de mes yeux restent englués de sang. Qu'y puis-je ?

À peine quelques coups de langue plus tard, les tristes sires font de nouveau irruption dans ma prison et s'emparent de moi comme d'un paquet de linge sale.

Sale, je le suis, en effet.

Deux de mes voisins crochetés sont eux aussi réquisitionnés et traînés en direction de la plage à l'aide d'une corde attachée à leurs museaux mutilés. Autant dire que les pauvres ont intérêt à suivre avec docilité, car au moindre écart, à la plus petite résistance, c'est leur chair déjà endolorie qui se déchire.

Puisque avec ma patte transpercée je suis dans l'incapacité de marcher et de suivre le groupe, l'un des affreux décide de m'embarquer en me portant. Il me soulève comme l'un de ces emballages vides qui traînent au bord des routes. Depuis la naissance de mes bébés, suite à l'incapacité de subvenir à mes propres besoins, plus mes deux derniers jours de jeûne imposé. je suis passée de la catégorie poids léger à la catégorie poids plume. Cinq kilos à tout casser.

*

Contraints et forcés par nos ravisseurs, nous arrivons bientôt en vue d'une de leurs barques à moteur, amarrée au ponton déserté.

— Allez, à bord, les deux, et plus vite que ça ! Et toi aussi, la maigrichonne, hop !

Tremblant de tous leurs membres, mes copains hésitent à sauter du ponton dans la barque, jusqu'à ce qu'un coup de pied dans l'arrière-train les y oblige, l'un après l'autre.

Moi, on m'y jette, et je me ramasse comme je peux avec ce crochet que la chute a enfoncé encore plus profondément dans mes ligaments.

Au loin, un bateau à l'ancre semble attendre quelque chose.

Les affreux sont maintenant à bord de la barque avec nous, l'un d'eux démarre le petit moteur hors-bord pétaradant, et quelques minutes plus tard, nous approchons du gros bateau de pêche à bord duquel d'autres hommes s'affairent.

Moteur coupé, l'accostage n'est pas facilité par la houle. On peut même dire que ça remue pas mal, et le débarquement, *notre* débarquement, risque d'être un peu plus compliqué que prévu, malgré l'aide de l'équipage.

— Les deux grands d'abord, la petite ensuite ! décident-ils.

Alors qu'ils sont tous affairés à hisser le premier des deux malheureux sur le pont, quelque chose en moi se passe que je n'avais ni prévu ni prémédité : l'instinct de survie… Tout *équipée* que je suis, avec mon crochet dans la patte, et mon fil de fer planté dans le crâne, malgré ma détestation de l'eau, et mon inexpérience absolue de nageuse, je me jette à la mer.

Si légère que le *plouf* de ma chute se perd dans la rumeur du clapotis incessant, et que personne à bord ne l'entend.

Au loin, le rivage disparaît derrière des montagnes d'eau enragée, puis réapparaît, et disparaît à nouveau, cible intermittente, ligne d'arrivée en pointillé.

Bien que pas une goutte de sang de labrador ne coule dans mes veines, je me surprends à pédaler comme une forcenée dans cette eau salée qui m'entre dans la gorge, les yeux, et brûle mes blessures encore à vif.

Mes petits, mes amours, ma chair, ma vie, j'arrive, attendez-moi !

Derrière moi, au loin, j'entends des voix indistinctes hurler je ne sais quoi, quelque chose comme :

— Mais où est donc passée cette charogne ?

Animée d'une énergie qui me dépasse, je suis sur le point d'atteindre la plage, où par bonheur aucun de leurs maudits compères ne m'attend pour me cueillir et me renvoyer à la case départ.

Je m'ébroue, salée de haut en bas, mais au moins débarrassée du sang qui poissait mes poils. Au bord de l'épuisement aussi, sans que j'envisage pour autant de m'allonger là pour récupérer ne serait-ce qu'un peu. Mes enfants occupent à eux seuls toute ma tête et tout mon corps.

Reste à savoir si je vais pouvoir rentrer chez moi, entravée par ce satané hameçon qui m'interdit de poser ma patte avant gauche à terre.

Comment me suis-je débrouillée pour parcourir les quatre kilomètres qui séparent le bord de mer de mon repaire, en claudiquant sur trois pattes et demie ?

Allez savoir.

Je l'ai fait parce qu'il le fallait.

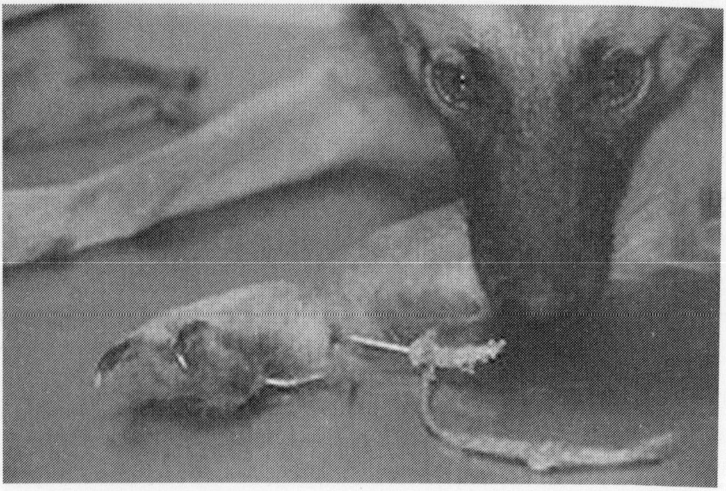

Deuil

Mes petits, ne vous inquiétez plus, Maman est là !

Derrière le rideau des taillis, ma nichée n'a pas bougé. Mes trois bébés m'ont attendue, lovés les uns contre les autres.

Adorables.

Inertes.

Un seul respire encore faiblement. *Une* seule, en vérité : ma fille.

Mes deux garçons ne bougeront plus jamais, morts de faim. Ils n'ont pas résisté à trois jours sans nourriture. Par réflexe maternel, j'entreprends de les ausculter un à un en les flairant et les léchant, comme si je me refusais à accepter la réalité, les poussant doucement à coups de museau à la recherche d'un semblant de réaction. Mais rien ne répond.

C'est fini. Fini pour eux.

Mon devoir immédiat est de ne plus m'occuper que de ma rescapée, de la nourrir, de la ramener à la vie.

Je l'attrape dans ma gueule par la peau du cou, pour la séparer de ses frères morts, m'éloigne de leurs dépouilles pour aller me coucher à terre, et dépose la petite loque exsangue tout contre mes tétines alourdies par trois jours de lait.

Elle est si affaiblie qu'elle ne réagit pas immédiatement, toujours dans les limbes, cette zone imprécise située au seuil de la vie et de la mort.

De quel côté va-t-elle se laisser glisser ?

Je redoute de la voir basculer sans que j'y puisse rien dans le néant où sont déjà ses frères. Mais voilà que la ventouse d'une petite bouche s'accole à la première tétine qu'elle trouve à sa portée, et cette bouche, avide de vivre, aspire mon lait.

Tète, ma fille, tout mon lait est pour toi à présent, vide-moi, vis de moi, reprends des forces, reviens au monde, même si chaque jour est une lutte, même si des dangers innombrables et insoupçonnables nous guettent, vis, ma fille, vis !

Je la regarde, et pour la première fois, je crois qu'elle me voit, et je me vois en elle.

Ses yeux sont grands ouverts : le yeux de ma mère et les miens exactement, son pelage naissant identique au mien, sable parcouru (sur le dos) de stries noires disposées en éventail. La pointe du museau et des oreilles, noire aussi. Mon modèle réduit.

À l'inverse de moi, heureusement, aucun morceau de ferraille ne traverse l'un de ses membres ni son crâne, ce qui me fait penser qu'il serait temps de me dépêtrer de cet attirail. Plus facile à dire qu'à faire. Comment procéder ?

Un peu plus tard, à l'aide de mes pattes encore valides, j'essaie de gratter le haut de ma tête pour en faire se détacher l'anneau en fil de fer implanté sous ma peau, mais je ne réussis qu'à provoquer un saignement, qui me dégouline dans les yeux et me souille à nouveau. Ma fille vient me lécher le visage, autant par tendresse que par un besoin vital de protéines, mais avec une douceur qui me réconforte.

Pour ne pas rester sur un échec, je décide de m'attaquer à coups de dents au hameçon qui enflamme les chairs de ma patte avant. Sans plus de succès… Je n'ai fait que raviver la douleur sourde à laquelle je finissais par m'habituer.

C'est effarant comme on arrive à s'habituer à presque tout, vous ne trouvez pas ?

En revanche, comment vais-je faire à l'avenir ainsi harnachée pour cavaler vers un point de ravitaillement, quel qu'il soit ?

Plus jamais à la plage des pêcheurs, cela va sans dire, mais où ? Me traîner sur trois pattes jusqu'aux premières poubelles du village ? Je ne m'en sens pas la force, et handicapée comme je le suis, me jeter à nouveau dans la mêlée des affamés est exclu. Je ne m'en sortirais pas.

Alors quoi ? Au bout de mille péripéties auxquelles ma fille et moi avons survécu, nous allons toutes deux mourir bêtement ici, de faim et d'épuisement.

C'est à pleurer, et pour la première fois de ma vie, autant qu'il m'en souvienne, je pleure.

Pas au-dedans, en silence. Je pleure tout haut.

Surprise moi-même par ce timbre que je ne me connaissais pas, j'entends s'échapper de ma gorge un hurlement prolongé qui remonte du fond de mes tripes et peut-être aussi du fond des temps, de mes lointains ancêtres sauvages.

Il traduit à la fois ma douleur, mon impuissance, ma révolte.

Je baigne dans mon sang, deux de mes trois bébés sont morts, ma pauvre mère a disparu à tout jamais, assassinée je le crains. Ou plutôt, non, je ne le crains pas : je le sais.

L'humanité ne nous veut que du mal.

La somme d'épreuves subies, de deuils, de souffrance physique et de désarroi est telle que les vannes ont cédé. Impossible d'endiguer ce trop-plein, de m'arrêter de geindre.

Jusqu'à ce qu'un réflexe de prudence mette un terme brutal à ma plainte : de l'autre côté du taillis qui borde la route, je viens d'entendre du bruit, des voix.

Tétanisée, je me tais, j'écoute, aux aguets.

Je crois avoir identifié des voix de femelles, que j'ai appris à différencier de celles des mâles, plus graves.

Je n'ose plus bouger, ni émettre le moindre bruit. À peine respirer.

Les voix se rapprochent.

Pétrifiée, je discerne d'abord une main prolongée d'un bras essayant de se frayer un accès dans les buissons touffus, d'en écarter les branchages qui jusque-là m'ont dissimulée à la vue des passants et des promeneurs. Puis apparaît une forme humaine tout entière. Une femme, suivie presque aussitôt de deux autres, déboulant dans mon repaire, les yeux écarquillés, bouche bée. Trois visages effarés.

Les pauvres… Essayez un instant de vous mettre à la place des visiteuses impromptues, et d'imaginer la vision qui se présente à elles : une chienne sanguinolente, visiblement estropiée et réduite à l'état de loque, avec dans son giron un tout jeune chiot sous-alimenté qu'elle semble vouloir protéger de son mieux, n'ayant à lui offrir que le rempart dérisoire d'un corps supplicié.

Non loin, de là, les cadavres entremêlés de deux autres nouveau-nés.

On serait remué à moins.

Anges des îles

Pour autant que mon instinct puisse en juger, ces femmes-là ont peu en commun avec les mégères du village voisin. Leur aspect avenant et leurs tenues de sport les différencient au premier coup d'œil de ces tas de chiffons humanoïdes, aussi mal fagotés que mal aimables, qui n'ont à nous offrir que des coups de balai assortis d'insultes.

Joggeuses envoyées par la providence, les trois anges passaient par là quand ma plainte a éveillé leur attention.

À présent accroupies dans mon repaire, deux se tiennent en retrait, laissant la plus téméraire s'approcher. Ne sachant encore si je suis ou non susceptible de réactions agressives, elle tend une main prudente vers moi, sans précipitation, afin de ne pas m'effrayer ou prendre un risque inutile.

Non qu'elle me croie méchante, mais au vu des tortures qu'apparemment j'ai subies, un simple réflexe d'autodéfense serait compréhensible, normal.

Sans m'accorder le temps de la réflexion, je lèche cette main tendue.

La glace est rompue.

Les trois apparitions s'affairent à présent autour de nous, l'une enlevant le lainage noué sur ses épaules afin d'y envelopper ma fille, l'autre me soulevant avec d'infinies précautions sans me faire souffrir inutilement, en prenant un soin particulier à ne pas exercer la moindre pression sur la ferraille qui entaille ma chair. La troisième nous ouvre le passage, écartant des mains taillis et branchages qui m'ont si longtemps protégée des humains.

Nous voilà à présent sur la petite route qui mène au village.

La femme qui a choisi de me porter dans ses bras est déjà presque aussi ensanglantée que moi, mais j'ai compris que c'est sans importance à ses yeux. Elle n'est que dévouement et compassion. En chemin je l'entends s'adresser à ses amies, balbutier et hoqueter, en regardant le fil de fer planté dans ma tête, là, sous ses yeux.

Je crois qu'elle pleure.

Indicible douceur de ces quelques gouttes d'eau tiède qui viennent humecter mon museau.

*

Un homme revêtu d'une blouse claire vient de me poser sur une sorte de table étroite aux pieds métalliques, et s'adresse à moi comme si j'étais capable de le comprendre. Sa voix est posée, rassurante, ses gestes aussi. Ses mots m'échappent, vous vous en doutez, mais pas leur sens.

Je sais qu'il ne me veut pas de mal.

Une jeune femme à son côté, elle aussi en blouse, me paraît l'assister dans son travail. Tout ici est calme, propre et net. Personne ne crie ni ne gesticule en agitant mains et bras en tous sens, comme chez les pêcheurs.

Elle maintient mon corps sans brutalité mais avec assez de fermeté pour que je ne me débatte pas. Pendant ce temps, lui s'occupe du haut de ma tête, qu'il est en train de nettoyer à l'aide de compresses de tissu blanc, jetées ensuite dans une corbeille, souillées de mon sang coagulé.

Avec des gestes d'une infinie minutie, il parvient à dénouer, puis à faire glisser sous la peau de mon crâne l'anneau de fil de fer qui y était emprisonné depuis plusieurs jours. Menée avec dextérité, l'opération s'est déroulée sans douleur, alors qu'un peu de sang frais s'écoule des deux incisions. Nouveau nettoyage.

— Voilà ma belle, tu es déjà mieux comme ça, non ?

Affirmatif.

Mes yeux n'en finissent pas de le remercier de cette première délivrance, et mes coups de langue sur sa main confirment, si besoin était ; mais ôtez-moi d'un doute, j'ai bien entendu qu'il m'appelait *ma belle* ? Belle ? Vraiment ?

Pour preuve, on va me prendre en photo.

L'assistante s'en charge, et m'immortalise, vue de face, le museau pointé vers ma patte gauche toujours transpercée par l'hameçon. Pas bellc, si vous voulez mon avis.

Tête de chienne battue, oui. Mais laissons là ces considérations pour revenir à des soucis essentiels, vitaux.

Ma fille, qu'a-t-on fait de ma fille, mon seul enfant désormais ? Où est-elle ?

Si je pouvais parler, voilà la première question que je poserais à ces deux personnes qui, si j'en crois mon sentiment et ma brève expérience auprès d'eux, ne me veulent que du bien.

Je ne dispose malheureusement que de mon regard pour faire passer le message, mais je crois que l'homme a lu dans mes pensées, et m'a reçue cinq sur cinq :

— Ne t'inquiète pas, me rassure-t-il, on veille sur elle, on la dorlote, même. Mais maintenant, c'est de toi qu'il va falloir s'occuper sérieusement, et t'enlever cette horreur de la patte. Tu vas voir, tout va bien se passer.

Dans sa main droite gantée de fin caoutchouc translucide, il tient une espèce de petit cylindre terminé par une aiguille qui me fait craindre de nouvelles tortures, et ce, malgré les mots apaisants que les deux acolytes continuent de me distiller.

Tout à coup un spasme de révolte me traverse, l'envie irrépressible de filer d'ici, maintenant, tout de suite, et j'esquisse une sorte de soubresaut, prête à me débattre avec l'énergie du désespoir.

Peine perdue : les mains de l'assistante me maintiennent, toujours sans brusquerie mais avec fermeté, m'imposant l'immobilité.

Dans le même temps, l'homme en blouse claire a pincé avec délicatesse un peu de la peau de mon dos, où je suppose que l'aiguille s'enfonce, mais sans que je sente rien. Une main invisible passe, malaxant mon épiderme.

Un instant à peine, et je sombre…

*

Où suis-je ?

Huit mois auparavant, au sortir de limbes comparables, je me posais cette question pour la première fois. Et de deux !

Là, selon toute vraisemblance, je me trouve dans un refuge bâti à notre intention par les hommes. Des hommes bons. Cela existe donc ?

Mon corps repose sur quelque chose de moelleux, d'une douceur inédite ; une gamelle d'eau claire est disposée tout près, à portée de museau, et une autre juste à côté, contenant une nourriture dont l'odeur et l'aspect ne me sont pas familiers, mais dont le goût pourrait me plaire. Je verrai ça plus tard, trop ensuquée encore pour éprouver la moindre envie de boire ou de manger.

Ma patte gauche enveloppée d'une bande de tissu blanc me tiraille un peu, mais aucune pointe n'en dépasse plus. Visiblement, le crochet de fer m'a été retiré. En émergeant peu à peu d'une semi-paralysie, je réalise que mon ventre aussi est sensible. Par réflexe, j'entreprends de lécher cette partie endolorie de mon corps, et ma langue rencontre de fines excroissances constituées d'un fil un peu rigide. Points de suture. Une belle entaille, recousue très proprement.

On ne s'est donc pas contenté de me délivrer de mon hameçon. Par prudence, afin de m'épargner à l'avenir l'épreuve de la maternité, on a fait le nécessaire pour que je ne risque plus de transmettre cette maladie mortelle qu'est la vie.

La vie, on me la redonne enfin. Le plus beau cadeau qui soit : ma fille.

L'assistante en blouse tient dans ses bras cette miniature de moi-même qu'elle dépose avec délicatesse tout contre mon flanc. Si menue encore, mais si jolie avec ses yeux maquillés, son pelage sable, son fin museau et ses oreilles aux pointes noires, elle incarne à elle seule tout ce qu'il me reste d'espoir et d'avenir.

Le jour suivant, nous quitterons la clinique ensemble pour être recueillies dans un foyer en compagnie d'autres malheureux en attente. Orphelins abandonnés, maltraités, suppliciés, rescapés, éclopés en tout genre.

C'est là que je verrai reparaître l'une des trois joggeuses qui nous ont sauvées quelques jours auparavant, celle qui n'a pas craint de souiller ses vêtements de mon sang, et dont le visage avenant respire la bonté. J'apprends qu'elle travaille au refuge en tant que bénévole, ce qui, sur cette île, suppose une énergie et un courage hors du commun.

Se fixer pour but de venir en aide à une population animale en détresse et en surnombre, c'est s'atteler à une tâche sans fin, et ne pas craindre d'affronter l'horreur.

Les chats ne sont pas mes copains, vous le savez, mais depuis notre arrivée dans ce refuge, j'en ai déjà vu passer certains, totalement défigurés, la bouche à moitié arrachée par les crochets que les pêcheurs – encore eux – y avaient fixés. Du coup, malgré mon peu d'affinités avec la gent féline, je me sens prise par moments d'une compassion qui m'étonne moi-même. Lorsque ces visions de cauchemar sont trop dures à supporter, mon seul recours est de me tourner vers ma fille, l'innocence intacte, incarnation même de la vie.

C'est un bonheur de la voir profiter de jour en jour, manifester son affection en me léchant le museau, s'amuser d'un rien, d'un morceau de bois ou de plastique dans lequel elle plante ses dents, et venir avec une insistance que rien ne décourage me mordiller l'oreille pour m'inciter à jouer avec elle.

Enfant unique un peu perdue, elle n'a que moi pour toute famille.

*

Certains signes trompent rarement. Depuis mon sauvetage, je sentais que *l'ange joggeur* avait quelque chose de maternel. Ses gestes empreints de douceur, à la fois précis et délicats, ne pouvaient être que ceux d'une mère.

Impression confirmée quand je la vois débarquer au refuge, accompagnée de deux fillettes au teint ambre et aux cheveux noirs sagement nattés, dont la ressemblance ne laisse aucun doute sur le lien qui les unit.

Je comprends à l'instant où je les vois qu'elles ne sont qu'amour pour nous deux, et les laisse en toute confiance tenir compagnie à ma petite, trop heureuse d'avoir enfin des partenaires de jeu avec qui s'amuser véritablement.

Tour à tour, elles viennent aussi me manifester leur affection, caressant ma tête avec d'infinies précautions à l'endroit où elles savent qu'était planté ce foutu fil de fer, et où deux minces entailles sont encore sensibles et visibles. Les larmes aux yeux, elles inspectent aussi ma patte enfin délivrée de son pansement, mais à jamais estropiée en raison des ligaments sectionnés par le crochet.

Si la compassion ne résout rien, elle fait un bien fou, je vous jure.

Une tête passe par l'entrebâillement de la porte : la mère qui nous avait laissées seules quelques minutes vient s'assurer que sa progéniture fait bon ménage avec les deux réfugiées.

Immédiate réponse en chœur :

— Bien sûr Maman !

À merveille, ajouterais-je si je le pouvais, espérant que mon regard parle pour moi.

Et les deux fillettes de s'extasier une fois encore sur mon courage, et de commenter les atrocités dont j'ai été victime, avant de poser cette question :

— Mais… au fait, comment s'appelle-t-elle ?

Et la mère soudain prise de court :

— Tiens, c'est vrai ça… elle n'a pas de nom… et sa petite non plus.

Un nom ? Qu'est-ce donc qu'un nom, et à quoi cela sert-il ?

Les deux fillettes affichent un air d'étonnement réjoui, avant de s'écrier d'une seule voix qu'il faut absolument nous en trouver un pour chacune. Elles se mettent alors à froncer les sourcils, comme le font souvent les humains lorsqu'ils se concentrent pour réfléchir.

À voir leur expression, on devine que la recherche requiert un véritable effort.

Soudain, le visage de la plus jeune s'éclaire, comme si une petite ampoule venait de s'allumer dans ses yeux :

— Ça y est, j'ai trouvé : on va l'appeler Chance !

Et la grande d'enchaîner :

— Et la petite, si on l'appelait Miracle ? Chance et Miracle, c'est bien, non ?

— Super, répond la mère, c'est exactement les noms qu'il leur fallait.

Voilà donc à quoi sert un nom : à l'avenir, à chaque fois que j'entendrai « Chance », je saurai que c'est de moi qu'il s'agit ou que c'est à moi que l'on s'adresse. Finis les « sale bête », « charogne », « vermine », ou dans les meilleurs cas, « maigrichonne, pauvre petite ! ».

À partir de maintenant, ma fille est « Miracle », et je suis « Chance ».

*

Entre-temps, il semble que la photo de ma patte crochetée prise à la clinique avant mon opération ait été publiée dans les journaux. Les journaux, vous savez, ces larges morceaux de papier couverts de signes étranges et parfois d'images, que les humains achètent avant d'y emballer leurs déchets et de les jeter aux ordures.

Par la force des choses, au cours de ma vie d'errance et de famine, j'ai eu plus d'une fois sous la dent l'affreux goût chimique de ces lambeaux de papier sale, et je sais donc à peu près de quoi il s'agit. Mais il faut savoir aussi qu'avant d'échouer dans les poubelles avec les épluchures de légumes, les rognures de viande et les restes de poisson, ces déchets indigestes sont destinés à être lus, et peuvent même contenir des informations utiles. On appelle cela *la presse.*

Ma petite bouille pitoyable de chienne martyre s'affiche donc dans la presse, excusez du peu !

Dans la presse locale tout d'abord, puis l'article relatant mon sauvetage et la photo vont être repris, l'information relayée, et certains humains, sidérés par la barbarie de ces pratiques de pêche, vont s'émouvoir jusque dans une partie du monde très éloignée de nous, et que les gens d'ici appellent *la métropole.*

On me dit même qu'une grande actrice, qui fut autrefois la plus belle femme de l'univers, est devenue aujourd'hui notre porte-parole, remuant ciel et terre pour que cessent les tortures que des hommes sans âme nous font subir.

L'idée me plaît assez que des agissements perpétrés dans l'ombre et incognito sur les animaux sans défense soient révélés au grand jour. J'aimerais tant que le supplice de ma mère et celui de tous mes copains de la plage soient vengés comme il le faudrait, même si cela ne peut en aucun cas racheter leur souffrance ni les ramener à la vie.

Leurs bourreaux seront-ils punis un jour, et si oui, regretteront-ils un seul instant de s'être conduits comme des monstres ? Pas sûr.

Pour les avoir vus à l'œuvre, je suis convaincue qu'un homme sans âme est par définition incapable d'avoir des états d'âme. C'est logique, non ? Et si quelqu'un a quelque chose à redire à mon raisonnement, je le laisse libre de le faire. Moi, je sais ce que je sais.

En revanche, si la conscience des crapules ne les empêche pas de dormir (pour la bonne raison qu'ils n'en ont pas), dorénavant, ils vont devoir la jouer fine.

Mes oreilles sifflent souvent ces temps-ci. Il semblerait qu'en haut lieu on parle et on s'agite beaucoup autour de mon cas. Au refuge, des bruits de couloir m'apprennent que le ministre des Territoires d'outre-mer auxquels cette île appartient a décidé de faire appliquer la loi qui en principe – je dis bien *en principe* – nous protège, que nous soyons chiens ou chats.

Désormais, si les pêcheurs de requins persistent à vouloir nous utiliser comme de vulgaires asticots, ils n'ont pas intérêt à se faire pincer à bord d'une embarcation avec des animaux *préparés* (comme ils disent), car alors ils le paieront cher, et de deux façons possibles : une forte amende pour commencer, assortie d'une peine de prison ferme.

Jusque-là, ils ne risquaient qu'un emprisonnement avec sursis. Autant dire rien, comparé à la gravité de leurs crimes.

Depuis que la loi est à nouveau en vigueur, à eux de connaître la séquestration dans un *enclos*, à ceci près que, contrairement à nous, il leur sera donné à boire et à manger, et qu'on leur épargnera la torture.

La mort aussi.

Heureux hommes qui peuvent continuer à l'infliger délibérément à d'autres êtres plus faibles sans risquer ni leur peau ni leur tête… Je veux croire malgré tout que l'avenir s'annonce un peu moins rose pour eux, et moins sombre pour nous.

On peut même se prendre à espérer que notre existence ne sera plus jamais mise en péril par des trafiquants sans scrupules. À supposer qu'une fois guérie je serai relâchée dans *la nature* en compagnie de ma fille pour y poursuivre une vie d'errance et de mendicité, ce danger-là ne nous guettera peut-être plus.

Pour l'heure, je peux à peine poser à terre ma patte mutilée, et je boite encore trop pour qu'on envisage de me rendre ma liberté, surtout accompagnée d'une enfant en bas âge qui a grand besoin de la surveillance d'une mère valide, et de mon lait.

*

Je connais maintenant les noms des fillettes qui nous ont baptisées. Pas de doute, c'est pratique un nom et, en l'occurrence, un prénom ! Dès qu'on l'entend, on voit aussitôt la personne et le visage dont il est indissociable. De si jolis visages : Émilie et Lisa.

Elles nous rendent visite le plus souvent possible, presque chaque jour, cavalant à perdre haleine vers le refuge dès leur sortie de l'école, où elles n'en finissent pas de dorloter Miracle, à laquelle elles se sont visiblement attachées.

Je surprends un jour une conversation entre les petites et leur mère, évoquant la possibilité de l'adopter. *Adopter ?* Que signifie ce mot étrange ?

Adopter ma fille ? À demi-mots, je devine qu'il s'agit d'emmener Miracle (donc, de la séparer de moi !) et de l'héberger comme si elle était de leur famille.

— Oh, s'il te plaît maman, dis oui !... S'il te plaîîît...

Malgré un lourd et long silence navré de la mère, les deux filles ne désarment pas et reviennent à la charge, feignant de ne pas comprendre la raison de ce refus tacite :

— C'est vrai, tu as raison, ce serait cruel de les séparer l'une de l'autre...

Et repartant de plus belle :

— Mais alors pourquoi ne les prendrait-on pas toutes les deux !

— Allez, maman, sois sympa !

Malgré sa grande bonté, la maman n'a pas l'air enthousiasmée par l'idée, et à contrecœur, essaie de calmer le jeu.

— Mes chéries, rendez-vous compte : nous avons déjà neuf chiens à la maison, et ni les murs ni le jardin ne sont extensibles à volonté, vous le savez bien... Chance et Miracle resteront vos filleules, si vous voulez, mais soyez raisonnables, et comprenez que nous ne pouvons pas les prendre chez nous.

La déception se lit sur les deux petits visages soudain défaits, et la maman elle-même a bien du mal à dissimuler à ses filles la peine qu'elle ressent à demeurer inflexible.

Jusqu'à nouvel ordre, nous resterons au refuge.

Séparation

Un bonheur n'arrive jamais seul, paraît-il. Un malheur non plus.

Un autre chagrin que nous ne voyons pas venir s'apprête à nous tomber dessus.

Il y a un jour ou deux, Miracle s'est mise à tousser sans raison apparente, et à cligner des yeux comme pour en chasser des grains de poussière. Lorsqu'elle se déplace, je l'ai vue à plusieurs reprises vaciller et s'arrêter net pour se coucher. Autre inquiétude : sans qu'elle ait à ma connaissance absorbé de substances toxiques, la pauvre est prise de diarrhées, de tremblements, de mouvements convulsifs.

Mon instinct me dit que c'est grave, et je vois bientôt le personnel du refuge aussi alarmé que moi. Ma fille est malade.

Son agonie sera brève, un jour et quelques heures à peine, qui me laissent anéantie, hébétée.

Bientôt, comme dans un brouillard, je vois reparaître Émilie et Lisa, leurs beaux visages ruisselants de pleurs. Des heures durant, elles restent accroupies auprès du petit corps inerte qu'elles ne peuvent s'arrêter de caresser comme pour le ramener à la vie.

Folle d'amour et de chagrin mêlés, voilà que je m'y mets aussi, léchant son museau, ses yeux, ses oreilles, en espérant les voir s'animer comme par enchantement.

Ce *miracle*-là n'aura pas lieu, et j'en viens à me demander si je suis moi-même bien nommée : Chance ? Vraiment ?

Bien sûr, contre toute attente, j'ai surmonté une série d'épreuves impensables, où la plupart de mes congénères ont laissé leur peau, eux, et de la façon la plus cruelle qui soit, mais cela valait-il la peine de survivre pour en arriver là ? Sans ma fille, mon amour, ma chair, ma dernière raison d'exister, à quoi bon continuer ?

Malgré l'état de désarroi absolu dans lequel je sombre, je ne dispose pas de larmes visibles à verser comme vous autres humains, et je sens une fois encore le niveau de mon chagrin monter, monter, me prendre au ventre, envahir mon cœur, mon âme (oui, mon âme), au risque de tout submerger, et de m'emporter.

Peut-être serais-je mieux là-bas, au paradis des chiens, près de ma mère et de mes bébés.

Je sais, vous allez me dire que ce monde-ci n'est pas seulement peuplé de démons ou de monstres, et vous aurez raison. Il se trouve simplement qu'en huit ou neuf mois de vie terrestre, j'ai fait plus souvent qu'à mon tour l'expérience de l'enfer.

Malmenée, torturée, estropiée, passe encore. Mais maintenant, amputée de la partie de moi que la fatalité et la folie des hommes n'avaient pas réussi à m'arracher, celle qui m'était la plus précieuse ?

On me veille, on m'entoure d'affection, je sens la compassion de mes deux petites amies humaines, de leur maman et de tout le personnel. Mais ni cette attention ni cette gentillesse ne parviennent à me réconforter. Seule m'importe la petite dépouille qu'on a bien voulu laisser auprès de moi, et dont je ne veux sous aucun prétexte me séparer un seul instant, ne serait-ce que pour boire ou manger. Mon appétit d'ogresse a lui aussi disparu.

Grève de la faim non préméditée, anorexie de tristesse, deuil de tout.

Ivre de fatigue, de chagrin, de faim et de soif, je finis par sombrer dans le néant du sommeil.

À mon réveil, Miracle s'est volatilisée.

Je la cherche partout en gémissant, cavalant comme une démente d'un bout à l'autre de la pièce qui s'ouvre sur un bout de jardin, inspectant et reniflant chaque recoin où je pourrais trouver une odeur, relever un indice, chaque brin d'herbe où ma fille a pu poser une patte, s'allonger, vomir ou faire ses besoins.

J'ignore comment je n'en suis pas morte à mon tour.

D'épuisement.

Épuisée mais pas abandonnée. Entourée, dorlotée, je reconnais avoir droit à beaucoup de sollicitude et de patience. Des voix me parlent comme à une grande blessée, dans l'espoir que la plaie béante de mon cœur va se refermer peu à peu, et finir par cicatriser.

Après la période d'isolement nécessaire à une convalescence ou à un deuil, l'une des blouses claires suggère qu'il serait meilleur pour mon équilibre de me mettre à nouveau en contact avec d'autres chiens et chiennes du refuge. Dont acte.

Ma solitude intérieure est ainsi peuplée de présences qui font diversion, mais guère plus. L'absence occupe seule toute la place, la mélancolie est devenue mon état permanent.

Transports

Ce matin, remue-ménage au refuge, et agitation chez les pensionnaires.

Pas besoin d'être bien malin pour comprendre qu'il va se passer quelque chose, mais j'ignore quoi exactement, ni lesquels d'entre nous cela concerne.

Par parenthèse, avez-vous remarqué comme nous autres chiens et chiennes pressentons les départs, alors même que les premiers signes de préparatifs sont à peine décelables ? Un rien, un détail infime la plupart du temps, quelque chose dans l'air, un soupçon de tension nerveuse, une exaltation qui précède tout voyage.

Les sens en éveil, je flaire le climat particulier, dont je ne sais s'il est de bon ou de mauvais augure. Ce point d'interrogation planté dans ma tête ne me sort de ma torpeur que pour me plonger dans un état de légère anxiété.

Je précise *légère*, car après tout ce qui m'est arrivé, le pire ne peut plus être à venir, non ?

Du jardin clôturé où je suis sortie faire mes besoins et procéder à un petit tour d'inspection, je découvre plusieurs grands modules de matière plastique gris disposés à proximité de l'entrée du bâtiment. Des boîtes, mais des boîtes de quoi ? Ne seraient-ce pas plutôt des cages ?

Déjà, quelques-uns de mes co-pensionnaires y sont amenés, tenus en laisse afin de parer à toute velléité de résistance ou de fuite. On peut comprendre la panique des uns et la prudence des autres, mais il est de mon devoir de préciser que la manœuvre est exécutée avec un ménagement et un soin extrêmes.

À la suite de quoi, les élus (heureux ou malheureux, allez savoir) se retrouvent selon leur taille à un ou deux par cage.

Je ne suis encore que spectatrice de cet embarquement, mais pas pour longtemps.

Quelque chose me dit que je suis moi aussi du voyage.

Bingo !

Enfin, façon parler, car s'il y a bien une chose que je ne souhaite pas, c'est quitter ce refuge où, à défaut d'être véritablement heureuse, je me sens au moins à l'abri, protégée des intempéries et des dangers sans nombre qui rôdent à l'extérieur.

Mon premier réflexe est donc de filer ventre à terre vers ma litière et de m'y cramponner en essayant de me faire aussi lourde et intransportable que possible.

Rébellion inutile et pathétique. Mes six malheureux kilos s'envolent à bout de bras, pour atterrir en douceur dans la dernière cage inoccupée, où une petite compagne environ de la même taille que moi vient bientôt me rejoindre.

Une grille me sépare désormais des aimables personnes qui au long de ces dernières semaines ont su me montrer, à moi comme aux autres voyageurs en partance aujourd'hui, un dévouement et une affection sans faille.

Je vois des larmes ruisseler sur des joues, et des mouchoirs en papier sortis des poches, aussitôt détrempés et réduits en boulettes informes dans les mains qui les malaxent machinalement.

Au premier rang du groupe de nos bienfaiteurs, mon *ange* et ses deux filles, agitant leurs mains en signe d'adieu, les yeux rouges noyés de chagrin.

Elles pleurent de savoir que nous ne nous reverrons sans doute jamais, et j'espère qu'elles ont compris que ce nouvel arrachement me déchire autant qu'elles, sauf que mon chagrin à moi a la violence des orages secs, sans pluie, terribles.

Décidément, l'île de la Séparation porte bien son nom.

*

Voilà nos cages hissées à bord d'une grosse camionnette dont la partie arrière est à ciel ouvert. La manœuvre a été effectuée sans brusquerie, ce qui me laisse espérer que nos convoyeurs, contrairement aux pêcheurs, ont à cœur de nous épargner une souffrance et une humiliation superflues.

C'est déjà ça, me direz-vous, mais je ne vais pas vous mentir : tout comme ma compagne de captivité qui tremble de tous ses membres, je me sens à la fois perdue et gagnée par un état de stress irrépressible. De nouveau prise au piège d'un espace exigu, et transbahutée vers une destination inconnue.

Est-ce donc cela une vie de chien ? Une suite presque ininterrompue d'arrachements et de tristesse ?

À peine le temps de venir au monde, et on voit disparaître sa mère. Tout juste venez-vous de donner la vie que la mort vous enlève ce que vous avez de plus cher, ce pour quoi vous auriez tout sacrifié.

Vous voilà sauvée, installée quelque part, protégée par de bonnes présences et, au moment où vous commencez à vous acclimater, on décide sans vous demander votre avis de vous confisquer le semblant d'équilibre chèrement acquis, pour vous embarquer encore vers Dieu sait où.

C'est comme si l'existence venait sans cesse vous narguer, agitant un bel os à deux doigts de votre museau pour vous le subtiliser à l'instant où vous commencez à saliver en le croyant à votre portée. Chienne de vie !

Faudrait-il ne jamais s'attacher à rien ni à personne, fût-ce à la chair de sa chair, pour espérer échapper à la douleur ?

N'aurait-il pas mieux valu me laisser m'éteindre auprès de ma petite Miracle et m'épargner le spectacle de sa mort ?

Quel est donc le sens de tout cela ?

Si demain existe, sera-t-il pareil à hier ?

*

Tiens, le camion qui nous transporte vient de ralentir et marque un temps d'arrêt. Du coup, ma curiosité naturelle m'incite à risquer un œil à travers la grille de notre cage. Nous nous trouvons à présent sur une étendue de goudron comparable à celle d'une route, mais beaucoup plus vaste ; un espace encombré d'énormes masses de métal de forme allongée, dotées semble-t-il d'ailes qui font un peu penser à celles des mouettes en vol, sauf que ces oiseaux-là sont immobiles, et ne replient pas leurs ailes lorsqu'ils sont au sol.

Une vision étrange qui n'est ni pour me plaire ni pour me rassurer.

Où nous a-t-on amenés, et dans quel but ? De quel projet inquiétant sommes-nous une fois encore les objets impuissants, puisque, vous l'aurez, remarqué, jamais – je dis bien *jamais* – on ne nous demande notre avis.

Nos cages sont placées sur une sorte de chariot qui nous rapproche des grands oiseaux de fer. Celui au pied duquel nous nous arrêtons, vu de dessous, s'avère être gigantesque.

Sous son ventre, un trou béant dans lequel des hommes, minuscules par comparaison, s'affairent à réceptionner et balancer quantité de bagages.

Je ne tarde pas à comprendre que nous aussi allons être happés par le ventre de l'affreux monstre, qui ne se nourrit pas par la bouche, mais, contrairement aux êtres normalement constitués, par l'anus.

Cette fois, c'en est fini de nous. Adieu, ma vie de souffrance et d'espoirs déçus.

Tout ça pour ça…

Comme il fait sombre là-dedans. Ventre ? Caverne ? Prison ?

À quelle épreuve inédite dois-je m'attendre ? Inexplicablement, il ne se passe rien.

Que fais-je donc ici, en compagnie d'autres animaux captifs, maintenus comme moi dans l'obscurité et dans l'ignorance du sort qui leur est réservé ?

Un mauvais sort, assurément, mais la fatigue finit par prendre le pas sur l'inquiétude, et je me résous à me rouler en boule dans un coin de la cage, prête à m'assoupir en attendant le pire.

Et comme de juste le pire arrive : un boucan surpassant tout ce que j'ai entendu à ce jour me fait me dresser en sursaut, avant qu'une force inimaginable me plaque au sol.

Mes voisins codétenus, logés à la même mauvaise enseigne, hurlent à la mort, et j'ai beau ne pas me joindre à leur chorale funèbre, je sais exactement ce qu'ils ressentent, car notre île natale est souvent le théâtre d'orages d'une violence terrible qui chaque fois font craindre la fin du monde. Comme eux, j'en ai vu de ces zébrures aveuglantes déchirant le ciel, suivies de grondements qui font trembler l'air autour de vous et le sol sous vos pattes.

Face au déchaînement des éléments, je reconnais céder bêtement à la panique : si je pouvais me faufiler dans un trou de souris, quitte à y mourir asphyxiée, je n'hésiterais pas une seconde.

Après coup, je me dis souvent que j'ai tort de me mettre dans des états pareils pour pas grand-chose, mais cette fois pas de doute possible ; ce vacarme-là n'a rien à voir avec un banal cataclysme. C'est bel et bien fini.

Adieu ma vie.

Et puis non.

Seconde après seconde, le bruit assourdissant laisse place à une sorte de gros ronronnement qui transmet ses vibrations aux parois de notre prison, alors que la force invisible qui nous écrasait relâche progressivement son emprise. Du coup, ma compagne de cellule, aussi terrorisée que moi, reprend peu à peu ses esprits.

Quel humain mal renseigné ose laisser entendre que nous n'aurions pas la notion du temps ? Foutaises ! Sachez que nous sommes parfaitement capables de faire le distinguo entre cinq minutes, quelques heures, plusieurs jours, deux mois, ou une éternité.

D'ailleurs, si vous pouviez vous abstenir de sourire lorsque j'affirme que ce voyage a duré une éternité, ça m'arrangerait. Merci.

Mais voilà qu'une secousse nous sort sans ménagement de notre état d'hébétude et de torpeur résignée. Le monstre volant aurait-il subitement changé de trajectoire ? A-t-il décidé, comme n'importe quel oiseau que j'ai pu voir jusque-là, de se poser sur la branche d'un arbre géant, ou plus simplement, à terre ?

À en juger par le choc, auquel succède un long crissement de douleur, il a choisi la terre, et il a dû se faire très mal en la touchant.

À la suite de quoi, un silence inexplicable tombe, pesant.

Puis, du bruit à nouveau, des voix, de l'agitation. Et soudain, l'aveuglement : la trappe qui s'était refermée sur nous avant le grand vacarme vient de s'ouvrir sur le ciel. Un beau ciel d'hiver, tout clair, tout bleu.

Clair et bleu... Comment cela est-il possible ? À force de traumatismes, serais-je devenue folle ? Ce serait une explication plausible, car à moins d'avoir véritablement perdu la raison, je peux affirmer avec certitude que nous sommes en été.

Or, dois-je vous rappeler que chez moi en cette saison, le ciel est chargé de lourds nuages, qui finissent la plupart du temps par crever en déversant des tonnes d'eau, transformant les routes en rivières, les fossés en torrents, et nos litières de sans-abri en mares ou en étangs.

Une réponse me traverse la tête. Elle vaut ce qu'elle vaut, mais il me vient à l'idée que peut-être, je dis bien *peut-être*, ce long voyage m'a entraînée très très loin de chez moi.

Bon sang, mais c'est bien sûr ! Si ce gros oiseau de ferraille a volé aussi longtemps, en toute logique, ce n'était pas pour tourner en rond sur lui-même, mais bien pour s'éloigner de son point de départ, et se poser très loin de là.

Nous sommes donc ailleurs.

Ailleurs !

Bientôt, on s'affaire autour de nos cages, et j'ai la sensation que le processus auquel nous allons être soumis est à peu de détails près l'inverse exact de celui de l'embarquement : après notre sortie de l'énorme ventre, des chariots prennent le relais, puis, au milieu d'une quantité de valises de toutes tailles, nous voilà à avancer doucement et sans trop de cahots sur une sorte de long tapis… Avancer, encore et encore, mais vers quoi, nom d'un chien ?

Dans ce lieu immense et bruyant, des voix à peine humaines me parviennent aux oreilles, comme flottant au-dessus du brouhaha et s'ajoutant à la cacophonie.

Trop de gens partout, trop de cohue, trop de tout. Tout m'inquiète.

Essayez encore une fois de vous mettre à ma place, oui, là dans ma cage grillagée, transbahutée à n'en plus finir.

Rendez-vous compte, si vous le pouvez, de la somme d'épreuves que j'ai subies depuis ma venue au monde. Comment ne serais-je pas déstabilisée par tant d'agitation ? Comment avoir encore un semblant de confiance en l'existence ?

Et pourtant… pourtant… Sans doute parce que j'ai fait un jour la rencontre fortuite d'un ange joggeur, que j'ai ensuite connu Émilie et Lisa à qui je dois mon nom, parce que leurs gestes affectueux m'ont appris qu'une forme d'amour entre humains et chiens pouvait exister, je garde dans le coin le plus secret de mon âme une minuscule lueur d'espoir qui a résisté au pire.

Ne me demandez pas par quel miracle, car depuis la mort de ma fille, s'il y a bien une chose à laquelle j'ai renoncé à croire, c'est justement celle-là.

Seule la bonté de certains hommes, tout comme la cruauté de certains autres, reste une certitude, et je veux faire confiance au destin pour mettre sur mon chemin ceux qui me voudront du bien, et me préserver de ceux qui n'emploient leur énergie qu'à faire le mal.

Immigrée

Telle une forêt en marche, des centaines de jambes et de pieds mouvants circulent autour de notre cage posée à terre, êtres anonymes sans tête ni tronc, dans l'agitation et le désordre apparent, mais qui savent sans doute mieux que moi où ils vont.

Au milieu de l'étourdissant va-et-vient, mon attention est attirée par deux paires de jambes immobilisées depuis un bon moment à proximité de nous.

Celles d'un homme et d'une femme, à en juger d'abord par l'aspect de leurs chaussures qui stationnent depuis de longues minutes dans mon champ visuel, et par les timbres des voix qui me parviennent de là-haut. Impression confirmée quand nous quittons le hall de l'aéroport en leur compagnie et que, les grilles de nos cages ouvertes, nous pouvons revenir au monde, hors des limites d'un espace réduit au strict minimum.

Sortir de là, pouvoir enfin s'étirer, s'ébrouer, déployer nos corps, être à nouveau libre de nos mouvements, ce n'est pas trop tôt.

Mais j'ai crié victoire trop vite, et la seconde d'après me force à déchanter un peu.

Notre liberté retrouvée s'avère conditionnelle, ou tout du moins très relative, car avant même que nous ayons pu nous dégourdir les pattes, des mains anonymes s'emploient à attacher autour de nos encolures une mince lanière que les humains appellent *laisse*, comme je l'apprendrai plus tard.

Ainsi équipée, bon gré mal gré, je me vois obligée de poser pour une courte séance de photos, où j'affiche l'air hagard d'un animal traqué par l'objectif, avant que le couple de l'aéroport nous rembarque vers une destination inconnue.

Dans une camionnette cette fois, dont l'intérieur est assez spacieux pour que nous puissions tous y entrer sans être entassés. Des lits y sont disposés, et chacun choisit le sien, sans bousculade ni bagarre, trop heureux de ce confort inespéré. En route !

Où nous emmène-t-on encore ? Je n'en sais fichtre rien, mais les conditions de voyage me paraissent de bon augure.

Avant notre arrivée à destination, j'aurai tout de même trouvé le moyen de vomir en toute discrétion un petit fond de nourriture qui me restait sur l'estomac. Que voulez-vous… Trop d'émotions à la fois, et puis tous ces virages au long du trajet ont fini par avoir raison de mes tripes. Je me sens patraque, barbouillée, exténuée aussi.

Selon toute vraisemblance, nous voilà donc, mes compagnons de voyage et moi, accueillis dans un nouveau refuge. Encore un. Cette vie d'errance va-t-elle bientôt finir, ou suis-je condamnée à me laisser transbahuter et ballotter à perpète ?

Très vite, mes questions et mes appréhensions du début se dissipent. Les pensionnaires les plus spontanément curieux se sont précipités à notre rencontre, nous ont flairés, reniflés, inspectés, passés au scanner des oreilles à la queue, à la suite de quoi les leurs s'agitent en signe de bienvenue.

Ça va. Ils ne nous voient pas d'un trop mauvais œil empiéter sur leur territoire, et acceptent que nous soyons dorénavant aussi chouchoutés qu'ils ont la chance de l'être.

Toutefois, il va falloir que l'on s'organise urgemment pour me maintenir à distance des chats, que j'ai tendance à courser dès que l'un d'eux passe à proximité.

Depuis nos anciennes bagarres autour des poubelles, je ne supporte pas leur présence. Que ma réaction soit atavique, acquise, viscérale ou épidermique, c'est un fait : à la seconde où j'en vois un, je fonce, portée par une vague d'agressivité incontrôlée qui me submerge, et sans me préoccuper du fait que la situation pourrait facilement dégénérer. Pas à mon avantage, cela va sans dire, car un mauvais coup de griffe est vite arrivé, mes pauvres oreilles dentelées en savent quelque chose.

C'est plus fort que moi, ni malin ni prudent, j'en conviens, mais je n'y peux rien.

Sinon, tout se passe au mieux avec mes autres camarades.

En dehors des inévitables moments de mélancolie auxquels je ne peux échapper, j'ai retrouvé une forme de légèreté, me révèle espiègle et enjouée comme une gamine que je ne suis pourtant plus, mordillant les pattes et les oreilles des copains, mais je précise, sans jamais y planter les dents. Juste pour rire.

Là où je ne plaisante plus, c'est à la vue d'une gamelle pleine : une sorte de transe dévorante me saisit, qui ne me quitte qu'une fois la dernière croquette avalée.

C'est bien simple, je ne mange pas, je bâfre, au point que ma rapidité record à déglutir prend de court notre aimable gardienne-infirmière-cantinière-nounou, laquelle, avec le nombre d'animaux qu'elle a eus en pension, en a pourtant vu d'autres.

Une ogresse dans un corps famélique, voilà ce que je suis.

À croire que dans ma tête, je reste envers et contre tous la même petite vagabonde, toujours dans la précarité, et que je ne peux espérer me nourrir qu'en disputant chaque bouchée à la concurrence, au prix d'une âpre lutte. Mon corps malingre crie famine, réclame encore et encore, insatiable malgré l'abondance et la régularité des repas qui me sont servis.

Je vous préviens, n'espérez pas me voir repue, ni aujourd'hui ni demain : ce mot ne fera jamais partie de mon vocabulaire. Ne laissez pas traîner à ma portée une ration destinée à quelque gros berger ou autre doberman, je serais capable de l'engloutir, quitte à m'en rendre malade. Que l'un ou l'une des pensionnaires chipote, ou décide de garder un peu de sa pitance pour plus tard, et je viens illico m'occuper de faire sa vaisselle. Il ou elle retrouvera sa gamelle nickel. Je suis ainsi faite : serviable et insatiable.

Mais j'y pense, depuis notre arrivée dans ce refuge, qui subvient à nos besoins, qu'ils soient alimentaires ou médicaux ? Qui nous héberge gracieusement ? De quelle bonne âme sommes-nous donc les invités ?

Jusque-là, nous n'avons eu affaire qu'au personnel, sans jamais avoir rencontré le maître des lieux, celui grâce à qui nous avons un toit au-dessus de la tête.

Or un jour, la gardienne nous annonce :

— Préparez-vous les enfants, et tenez-vous bien : elle passe nous voir aujourd'hui !

— Elle ? Qui ça, Elle ?

— Elle, voyons ! Celle à qui vous devez tout !

Le maître des lieux est donc une maîtresse. Comment n'y avais-je pas pensé plus tôt ?

Cette maison aux couleurs pastel, ces lits et ces coussins moelleux disposés un peu partout, mon collier fuchsia. Une femme, bien sûr.

Un peu plus tard dans la journée, la porte s'ouvrira sur une mince dame aux cheveux de paille et au teint clair comme je n'en ai encore jamais vu.

Je dois vous préciser, au cas où vous ne vous en doutiez pas, que les habitants de mon île ont pour la plupart des cheveux noirs, souvent crépus, et sont tous plus ou moins foncés.

Ce serait donc cette femme lumineuse qui nous a fait venir de très loin, dans le ventre du grand oiseau de fer.

Appelons-la « la fée Dany », si vous le voulez bien.

Je sais, je sais, jamais on ne lit aux chiens ces contes à la fois terribles et merveilleux réservés aux enfants humains, mais j'ai tout à coup l'impression de vivre exactement ce genre d'histoire où les monstres sont mis en déroute par les fées. Histoires à dormir debout, me direz-vous. Sauf que là, c'est pour de vrai.

Ici, pas de laissés-pour-compte : la fée vient s'accroupir tour à tour auprès de chacun d'entre nous, pour nous parler, nous caresser, nous câliner, distribuant équitablement tout l'amour qu'elle nous porte. Cela dit, sans me vanter ni vouloir faire de jaloux, je crois bien avoir droit de sa part à une attention toute particulière. Un privilège accordé aux nouveaux venus au sein de la petite communauté de ses protégés ? Peut-être, mais pas seulement.

Elle n'oublie pas que je suis une martyre rescapée, et je parierais qu'elle garde en tête la photo où j'apparais prostrée et mutilée, lors de *l'affaire* qui a secoué mon île, et dont l'écho a su toucher quelques bonnes âmes, dont la sienne.

Avec une douceur extrême, elle passe une main sur ma tête, puis sur ma patte estropiée, et je crois voir perler au bord de ses yeux de petites gouttes d'eau qu'elle ne laissera pas couler.

De la vraie compassion sans apitoiement. La fée n'est pas une pleurnicheuse. Ses émotions ne la submergent pas, mais la poussent à l'action. J'aime son regard tendre et malicieux. Rebelle et obstiné aussi. Un air un peu sauvage dans lequel je me reconnais.

Cela se sent tout de suite : je ne peux attendre d'elle que du bien.

Les meilleures choses ont une fin, et alors que le bleu du ciel commence à virer au rose orangé, je comprends que la visite de la fée Dany est sur le point de s'achever. En effet, elle s'en va, mais avant de s'éclipser comme le soleil derrière un nuage, elle nous lance le dernier rayon de son sourire accompagné d'un signe de la main.

La porte vient tout juste de se refermer sur elle, me laissant un peu triste, en proie à l'un de ces inexprimables vagues à l'âme que je garde pour moi. Roulée en boule sur mon coussin, je me repasse les images de la journée écoulée, avant de sombrer dans un rêve un peu étrange, où une femme aux cheveux de paille avance pieds nus dans un immense domaine paradisiaque et rempli d'animaux de toutes sortes, des chiens, des chèvres, des ânes, des lapins, des canards, des poules, et même des chats, mes ennemis jurés, que je fais pour une fois mine de ne pas voir, afin de ne pas troubler l'atmosphère paisible des lieux.

Cette femme, dont ce matin même j'ignorais l'existence, a infléchi le cours de la mienne en me faisant amener du bout du monde jusqu'ici, chez elle, et c'est déjà énorme.

Comment pourrais-je deviner qu'elle a pour moi une autre idée en tête ?

Une idée lumineuse dont seules les fées ont le secret.

Une idée qui pourrait changer mon destin.

*

En principe, chaque pensionnaire du refuge n'est là qu'en transit, en attendant qu'on lui trouve une famille d'accueil. C'est aussi mon cas, à condition que quelqu'un veuille bien de moi, évidemment.

La destinée, je ne sais pas si vous y croyez ; moi oui, même si cela m'oblige à constater que jusque-là elle s'est un peu acharnée sur ma petite personne. Elle n'a d'ailleurs pas encore tout à fait renoncé à disposer des obstacles sur ma route, mais n'anticipons pas.

Il est plus sage de vivre au jour le jour, et nous autres chiens possédons il me semble cette faculté d'être *dans* l'instant, de saisir au vol les petits bonheurs qui passent, et de les savourer.

Demain n'existe pas.

Mes jours tranquilles s'écoulent désormais dans le confort sécurisant d'une vraie maison entourée d'un grand bout de jardin, où nous pouvons à loisir nous prélasser et nous ébattre, et où, à ma façon, j'*herborise.* Ne souriez pas, car rien n'est plus vrai : l'odeur des plantes, leur parfum, agréable, entêtant, suave, ou désagréable parfois, m'attire à un point qui surprend souvent les humains, lesquels commentent et s'exclament :

— Non mais regardez-la plonger son museau au cœur des fleurs et les humer longuement ! Jamais je n'ai vu un chien s'y intéresser à ce point. C'est fou.

J'ignore si c'est fou ou plus sensé qu'il n'y paraît, mais l'évidence de ma passion florale ajoutera peut-être une touche de poésie à ma réputation de goinfre.

Non, je n'ai pas que la nourriture en tête !

Souvenez-vous-en, je suis une fille de la terre, qui a grandi au milieu d'une végétation dense aux effluves enivrants. La nature est mon élément, tout comme ces senteurs que je cherche à retrouver, sans pour autant éprouver une once de nostalgie pour une île où le simple fait de naître chien ou chat est en soi une malédiction.

Tout va bien pour moi, à un ou deux détails près : pas plus tard qu'hier, pour une raison inconnue, j'ai été prise d'une légère quinte de toux, puis d'une deuxième, et d'une autre encore, plus longue, suivie de toussotements réguliers qui m'ont laissé un peu de répit cette nuit pour s'intensifier à nouveau ce matin par intermittence, avant de se calmer.

Dans le même temps, j'avais aussi la sensation que des grains de poussière arrivés je ne sais d'où s'étaient glissés sous mes paupières, m'obligeant à cligner fréquemment des yeux.

Bizarre bizarre… Le changement de climat. Ou autre chose.

Branle-bas de combat

Jour faste au refuge : retour de la fée Dany qui, comme la fois précédente, vient nous distribuer de copieuses rations de caresses et de tendresse, sans oublier aucun de nous, pas même mes ennemis jurés, les chats, qu'elle adore.

Elle s'enquiert auprès de notre gardienne des uns et des autres, de l'état de santé de chacun, des adoptions en cours et tutti quanti. Dans l'ensemble, les nouvelles sont bonnes, ce qui a l'air de lui faire plaisir et dessine sur son visage le même sourire lumineux que je lui avais vu lors de sa visite précédente.

Je reconnais cependant être un peu prise de court lorsque je comprends à la dernière minute qu'elle ne va pas repartir les mains vides, mais m'embarquer, en compagnie d'une autre rescapée de mon île.

— Allez hop, les filles, en voiture !

Le chauffeur, en qui je crois reconnaître le monsieur de l'aéroport, attend dans une grosse voiture garée devant la maison. Il en descend pour nous aider à prendre place sur la banquette arrière, reprend le volant et démarre.

Où allons-nous encore ? me dis-je entre deux quintes. Seule la fée le sait... Elle et son chauffeur, évidemment. Un grand type costaud avec une bonne tête, sur lequel je compte pour ne pas nous amener vers l'un de ces gros oiseaux de fer qui nous embarquerait à perpète, ou pire, me ramènerait sur mon île.

Encore et toujours voyager... Pffff, y en a marre de cette vie d'errance ! Je commençais à peine à m'installer dans un petit train-train peinard ponctué de repères familiers et d'habitudes, et je n'avais pas du tout prévu de bouger dans l'immédiat, même lovée sur les genoux d'une bonne fée. Sédentaire contrariée, je suis bien obligée de suivre.

Des paysages défilent de l'autre côté des vitres. Au fur et à mesure que nous roulons, je vois de moins en moins de vert, et de plus en plus de gris. Un défilé de maisons de plus en plus hautes, entre lesquelles règne une agitation inouïe, où chaque bruit inédit m'inquiète, une foule de visions et d'impressions qui se bousculent en vrac, toutes plus déstabilisantes les unes que les autres. Le giron de la fée et sa voix rassurante sont mes seuls repères. Sans elle, j'aurais probablement déjà cédé à la panique.

*

Nous arrivons en vue d'un vaste bâtiment, qui par bonheur s'avère ne pas être un aéroport. Déjà patraque et nauséeuse après ce trajet en voiture, je n'aurais pas souhaité qu'on m'impose un autre voyage en avion, quelle qu'en soit la destination. Plutôt mourir ici, là, tout de suite.

Ne serais-je pas un tantinet masochiste, à jouer ainsi à me faire peur ? Je ne le nie pas, mais vous comprendrez qu'avec un passé aussi chaotique ma confiance en l'avenir soit des plus relatives.

En tout cas, pas question pour l'heure de m'en aller, et encore moins de mourir : au bout d'un dédale de couloirs interminables, nous voilà arrivés dans une immense pièce éclairée d'une incroyable quantité de soleils, sous lesquels des machines actionnées par des hommes se braquent vers un canapé rouge, vide pour l'instant.

Comme si c'était là son environnement familier, la fée, qui me garde tout près d'elle, au bout d'une courte laisse enroulée à ses doigts fins, évolue avec aisance, parle et sourit aux gens qui viennent à sa rencontre, en embrasse quelques-uns, et me présente : Chance par-ci, Chance par-là, avant d'aller prendre place. Elle sur le canapé rouge suréclairé, moi blottie sur ses genoux.

Autour de nous, des gens assis en cercle frappent dans leurs mains sans raison apparente, et c'est peu dire que je n'en mène pas large. Comme je sens un début de tremblote me reprendre, je fais l'effort de me raisonner, de me convaincre que personne ici ne me veut de mal, au contraire.

Très vite, je comprends la raison de ma présence dans ce lieu étrange : la fée parle beaucoup de la petite martyre rescapée, moi en l'occurrence, et plus généralement de nous, les chiens et les chats victimes de la barbarie. Et parce que les images sont souvent plus fortes que les mots, elle n'a pas oublié de se munir de quelques documents : des photos atroces qui font s'écarquiller les yeux des gens présents. Elle leur montre aussi ma patte estropiée, preuve à charge supplémentaire contre nos bourreaux.

Vous avez sûrement deviné : je me trouve sur un plateau de télévision où, témoignages et photos à l'appui, on dévoile les abominations perpétrées dans mon île lointaine. Ceux qui écoutent et regardent apprennent effarés que sur ce petit bout de France flottant dans l'océan Indien, il est possible à tout un chacun de torturer et d'assassiner chiens ou chats sans être inquiété par les autorités locales.

Non, ce n'est pas possible !

Et pourtant si, messieurs-dames.

C'est dans ces circonstances que je fais la connaissance du mari de notre fée (oui, les fées sont parfois mariées), un monsieur tout à fait charmant, comme tout prince ou tout mari de fée qui se respecte, et qui, comme elle, est amoureux des animaux, ce qui ne gâte rien.

Au cours du tournage de l'émission, mise en confiance par ses caresses, je m'enhardirai même à poser mes pattes avant et mon museau sur sa cuisse, au risque d'endommager son beau pantalon au pli impeccable, sans qu'il y trouve rien à redire. Charmant, je vous dis.

J'écoute avec attention les propos échangés par ces humains bien intentionnés. Dommage qu'il me manque la parole, comme ils disent. Du coup, on ne songe pas à me demander mon avis, alors qu'en tant que témoin et victime, je serais on ne peut plus légitime pour m'exprimer, et intarissable sur la question, vous pensez bien.

On ne parle de moi qu'à la troisième personne du singulier, et avec toute la bienveillance imaginable, mais s'il m'était permis de m'exprimer, voilà comment pourrait se résumer le fond de ma pensée :

Sachant ce que vous savez maintenant, n'attendez ni remords ni regrets de la part des pêcheurs-bourreaux. L'obscénité des souffrances qu'ils infligent à des êtres plus faibles qu'eux parle d'elle-même.

Zéro empathie, zéro compassion. Électrocardiogramme plat.

Seule la peur du gendarme saurait les freiner dans leurs agissements, faute d'avoir raison de leur cynisme. Terme fort mal choisi à mon sens, puisque cynisme *vient du mot* chien, *et que je ne connais pas moins cyniques que nous.*

(Vous me pardonnerez cette courte digression étymologique.)

Revenons à nos moutons, ou plutôt à nos braconniers des mers : la menace d'une privation de liberté, et des amendes beaucoup plus élevées que le rapport de leurs activités frauduleuses, voilà qui risque de les toucher au cœur, ou pour être exact, au porte-monnaie, puisque c'est là et pas ailleurs que se situe leur point sensible. Merci de votre attention.

À défaut de saluer l'auditoire qui applaudit mon petit speech virtuel, je continue à tendre l'oreille.

J'ai ainsi le réconfort d'apprendre que la Madone des animaux a pris la tête de la mobilisation pour défendre notre cause auprès du gouvernement, suppliant, sommant le ministre en charge des Territoires d'outre-mer d'appliquer la loi.

Hé oui, il existe dans votre Code civil des articles censés nous protéger d'éventuels mauvais traitements ; le terme *mauvais traitements* étant à mon avis un doux euphémisme par rapport à la réalité, mais là encore, vous allez penser que je pinaille.

Enfin bref, cette loi que nul n'est censé ignorer est bel et bien bafouée, aussi la Madone battante se démène-t-elle, ruant dans les brancards avec une impétuosité, un entêtement et une détermination que rien n'arrête.

Du coup, le ministre en place lui promet de faire tout ce qui est en son pouvoir pour éradiquer le mal, et décourager les pratiques de tortionnaires qui ont cours sur l'île de la Séparation.

Blague à part, il a intérêt à obtempérer, car notre Madone n'est pas disposée à lâcher prise de sitôt, ni a se laisser amadouer par de vaines promesses.

J'aime cette femme que je ne connais pas, et que beaucoup appellent par son seul prénom, ou bien par deux initiales identiques : B.B.

J'ai cru comprendre que dans sa jeunesse, elle était d'une beauté tellement phénoménale qu'aucun homme sur terre ne lui résistait. Sur son passage, ils tombaient tous comme des mouches, raides dingues, fous amoureux, et elle n'avait qu'à tendre le bras pour les ramasser… ou pas.

Est-ce parce qu'elle porte le nom d'un animal dont la réputation est d'être têtu qu'elle se montre aussi obstinée dans tout ce qu'elle entreprend ? Est-ce parce qu'elle était elle-même un magnifique spécimen de beauté sauvage qu'elle a très tôt ressenti cette empathie pour nous, et décidé d'être notre porte-parole ?

En tout cas, l'idée me plaît.

Cela dit, autant séduire un homme ne me paraît pas nécessiter trop d'efforts pour qui incarne la beauté sur terre, autant défendre la cause animale est une conquête longue et difficile. Lutter contre ceux et celles qui pour des raisons diverses veulent notre peau est un combat qui requiert une énergie et un acharnement hors du commun.

Heureusement pour nous, cette femme *est* hors du commun, et son existence terrestre n'a pas fini de chambouler le monde, même si la tâche qu'elle s'est fixée est incommensurable.

Avec elle et tous ceux qui ont décidé de la suivre, dont la fée Dany grâce à qui je suis ici, je veux croire que nous sommes entre les meilleures mains possibles.

Du changement dans l'air

Mon flair me trompe rarement. Ma marraine la fée ne serait-elle pas en train de manigancer quelque chose ? Oui, mais quoi au juste ? Mystère.

Je l'observe sans bien comprendre. Assise à son bureau depuis un moment, elle rassemble avec minutie des coupures de presse, des articles, et plusieurs photos sur lesquelles je me reconnais, dont celle avec le crochet ; puis elle trace des signes sur une feuille blanche qu'elle glisse avec le reste dans une enveloppe, avant d'y coller un minuscule bout de papier coloré, dans l'angle en haut à droite.

Cachottière, elle demeure depuis le début silencieuse sur le projet qu'elle a en tête, mais elle n'a pas besoin de parler : je lis dans ses pensées, et quelque chose me dit qu'elle est en train d'organiser un rendez-vous. Un rendez-vous avec qui ?

Ou pour être plus précise, entre qui et qui ?

Au risque de passer pour présomptueuse, j'ai l'intime conviction que cette démarche *me* concerne, et qu'elle a pour but de me trouver un maître, une maîtresse, ou pourquoi pas une famille d'accueil.

Sans vouloir prendre de pari sur l'avenir, je ne serais pas plus surprise que ça s'il s'agissait d'un couple.

Prémonition qui reste encore à vérifier, mais j'ai déjà toutes les raisons du monde de garder une entière confiance en ma bienfaitrice. Toutes plus une : elle possède ce que chez nous on appelle *instinct*, et que chez les femmes on nomme *intuition.*

De ce point de vue là, nous ne sommes pas très différentes, la fée et moi.

Qui sont donc les destinataires de ce courrier et pour quelle raison les aurait-elle choisis eux, de préférence à d'autres ? Parce que.

Parce que la fée sait qu'ils ont toujours aimé les chiens, qu'ils en ont toujours eu, et que leur chienne Lulu vient de quitter ce monde après quinze ans d'amour réciproque.

Seulement trois petites semaines se sont écoulées depuis que Lulu est partie galoper au paradis des chiens. Une Lulu invisible et pourtant présente comme jamais.

Qui est mieux placée que la fée pour comprendre le deuil et la tristesse laissés par la mort d'un ou d'une amie fidèle ? Évidemment, elle sait, mais comme elle croit en la chance, et donc en moi, elle a décidé de passer outre, de tenter le coup, quitte à courir le risque d'un refus.

Voilà pourquoi l'enveloppe et son contenu, le résumé de ma vie en quatre mots et trois images, sont déjà en route vers deux destinataires inconnus de moi.

*

Ce matin, le téléphone sonne chez la fée Dany, qui décroche aussitôt.

Et si c'était eux ?

Je le pressentais, pour ne pas dire *je le savais.*

Je comprends vite qu'à l'autre bout de la ligne une résistance fait obstacle. La magie n'opère pas. Ils ont bien reçu le courrier qui les a bouleversés, mais s'avouent désolés, l'un comme l'autre toujours en proie à un chagrin qui occupe toute la place.

Cependant la fée insiste, tout en compassion et douceur persuasive :

— Je sais... bien sûr... je comprends... mais sans que cela vous engage à rien, sachez que vous pouvez passer ce soir à la maison, si vous voulez voir la petite Chance avant qu'elle ne retourne au refuge. Elle est mignonne comme tout, c'est un amour... et pour le reste, vous verrez bien ce qui se passe, ou pas... On sent tout de suite ces choses-là...

Au bout du fil, le fil ténu de l'indécision, de quel côté vont-ils pencher ? Accepter l'invitation presque à contrecœur, ou s'abstenir de crainte de succomber à mon charme ? Réponse dans quelques heures.

Les humains ont beau prétendre que les absents ont toujours tort, mon expérience m'a appris que les absents occupent au contraire beaucoup d'espace, et sont plus importants qu'on ne croit. Envahissants, et même parfois plus forts que les vivants, comme cette Lulu irremplaçable, dont la mort a laissé un trou béant dans le cœur de ses deux compagnons.

*

Le soir tombe. J'ai le trac. La fée aussi. C'est contagieux.

On sonne à la porte d'entrée. Réaction immédiate : j'aboie.

Par parenthèse, si l'on considère l'existence que j'ai menée jusque-là, où et comment ai-je pu apprendre et comprendre que le son d'une sonnette signifie qu'il y a quelqu'un derrière la porte ? La réponse est : *mystère, je ne sais pas.* Admettons que ce soit dans mes gènes, pour clore le débat.

La porte s'ouvre sur deux humains plus tout à fait jeunes, mais pas très vieux non plus.

Un couple, je le savais ! Deux hommes ? Et alors, l'important est qu'ils soient là, non ?

Le reste, je m'en fous. Il n'y a pas moins sectaire que moi.

Le plus blond et le plus petit des deux est extraverti, spontané, volubile. L'autre se tient nettement en retrait, taciturne et réservé. Ému aussi, cela se sent. Il a l'air tendu, anxieux, un curieux sourire triste coincé sur les lèvres. Le blanc de ses yeux bleu délavé est rouge.

Toute contente de voir qu'ils ont vaincu leurs réticences et se sont décidés à faire ce premier pas vers moi, la fée les embrasse comme du bon pain et leur indique le grand canapé d'angle sur lequel j'ai déjà filé me réinstaller.

Elle les invite à s'y asseoir, et me rejoint sur le côté opposé, où je me colle à elle.

Une fois encore, ne me demandez pas pourquoi ni comment, mais alors que la fée entame la conversation, une force irrépressible m'attire vers ces deux visiteurs, me pousse à m'approcher deux, à leur lécher les mains, les mordiller, solliciter leurs caresses, manifester mon affection.

— Ton affection ? seriez-vous en droit de me demander, comme tu y vas… te rends-tu compte que tu ne les connais… ni d'Ève ni d'Adam !

— Peut-être bien, mais j'ai compris que c'est EUX. Eux et personne d'autre… Que voulez-vous que j'ajoute à cela ? Je le sais, voilà tout.

Eux aussi ont dû comprendre que quelque chose est en train de se passer. Il y a des gestes, des regards qui ne trompent pas.

Les deux s'entretiennent longuement avec la fée Dany, la bombardant tour à tour de questions à mon sujet : les circonstances dans lesquelles on m'a retrouvée, l'état dans lequel j'étais, les mutilations résultant des atroces procédés utilisés pour la pêche au requin, etc.

Pendant tout le temps que dure la conversation, leurs yeux ne cessent de revenir sur moi, comme aimantés, et les miens vers eux.

Mais l'heure tourne, et dans la mesure où ils ont prévu de prendre l'avion très tôt le lendemain, ils vont devoir nous quitter.

Déjà ? J'ai l'impression qu'ils viennent à peine d'arriver.

— Alors ? s'enquiert la bonne fée.

— Comment ça, alors ? C'est oui, bien sûr.

Oui. Ils ont dit *oui.*

Oui, ils veulent bien de moi, avec mon pelage rêche et un peu clairsemé, oui, malgré ma patte estropiée, mes oreilles tout effilochées, et même avec ces deux entailles dans ma tête, mises en évidence lorsqu'il m'arrive d'être mal coiffée, c'est-à-dire souvent.

Oui, ils me veulent, malgré cette toux bizarre, et mes yeux qui clignent sans arrêt.

Oui, en dépit de leur chagrin inconsolable, de l'absence irremplaçable.

Après des papouilles à n'en plus finir en guise d'au revoir, ils se décident à prendre congé à reculons, comme déchirés par notre première séparation.

Dans l'espoir de se consoler un peu de leur deuil, ils avaient prévu ce voyage, et sont en train de se demander à haute voix s'ils ne vont pas changer leurs plans, tout annuler.

La fée Dany les en dissuade et les tranquillise de son mieux :

— Mais non, mes chéris… la petite a encore des examens médicaux à subir, et elle n'a pas encore eu tous ses vaccins. Partez tranquilles, et bon séjour à New York !

C'est bizarre, cette sensation : ils me manquent déjà. Vous expliqueriez ça comment, vous ?

*

J'ose espérer qu'ils ne m'oublieront pas, et qu'à leur retour ils penseront à venir me chercher, qu'ils n'auront pas changé d'avis entre-temps.

Sait-on jamais ce qui se passe dans la tête et dans le cœur des hommes ?

Pourtant, si je ne me fie qu'à ma première impression, elle me dit que j'ai raison d'avoir confiance, car dès le premier instant en leur présence, j'ai ressenti quelque chose d'inédit, étrange et familier à la fois, comme s'ils étaient faits pour moi et moi pour eux. Nous nous sommes reconnus.

Petite prière : *Dieu des hommes et des chiens, faites que mon instinct ne m'ait pas trompée. Amen.*

N'empêche, je continue à tousser, et la gêne qui affecte mes yeux ne fait qu'empirer, jusqu'à devenir permanente. Pourtant, à mon retour au refuge, mon état ne paraît pas inspirer d'inquiétude particulière, et le véto confirme qu'il s'agit d'une simple conjonctivite doublée d'une toux d'irritation. Ça va passer.

Sauf que ça ne passe pas.

Plusieurs fois par jour, ma gardienne reçoit des mails en provenance de New York, envoyés par mes visiteurs d'un soir. Le taciturne au tempérament soucieux s'inquiète de la possible évolution de ma toux et de mes yeux *ensablés*. À l'en croire, malgré le dépaysement censé faire diversion, cette pensée ne le quitte pas de la journée, et hante aussi ses nuits de veille dues au décalage horaire.

Elle lui répond sans tarder, en lui conseillant de dormir sur ses deux oreilles, que je vais bien, et conserve toujours un solide appétit, preuve de bonne santé s'il en est.

Et puis et puis... le véto revenu m'administrer mes derniers vaccins s'avoue finalement intrigué par les deux symptômes qui non seulement persistent, mais tendent à s'aggraver. Histoire de vérifier qu'il ne se trompe pas tout en espérant se tromper, il se décide à me prélever un peu de sang,

Peu après, le verdict tombe, et je vois notre gardienne pâlir en entendant ces mots :

— C'est grave. Je n'ai pas voulu vous alarmer inutilement, et je vous avoue humblement que je me refusais à le croire tant les cas sont rares de nos jours, mais j'ai bien peur que ce soit la maladie de Carré !

Maladie très contagieuse, qui commence par une irritation des muqueuses dans lesquelles elle se propage, dégénère en inflammation, pour s'attaquer ensuite aux centres nerveux, jusqu'à l'issue fatale.

Éradiquée en métropole, elle n'éveille pas immédiatement les soupçons des vétos, pourtant familiarisés avec tous les bobos animaliers possibles et imaginables.

Tous sauf celui-là.

Je ne peux avoir rapporté cette saleté-là que de mon île, et l'ai très probablement contractée dans le refuge où ma petite Miracle a été emportée en un rien de temps.

Adieu donc, mes visiteurs d'un soir... Peut-être ne serai-je plus de ce monde lorsque vous reviendrez de voyage. Celui de vous deux qui s'inquiétait à mon sujet n'avait que trop raison. Saurez-vous jamais à quel point j'aurais voulu lui donner tort !

Pourtant, quelque chose me chuchotait à l'oreille que nous avions de belles aventures à vivre ensemble…

La guerre

Aussitôt la maladie détectée, la guerre est déclarée.

On fait même appel à l'artillerie lourde. À trois reprises, je vais avoir droit à des injections massives d'un médicament supposé être efficace. Supposé seulement.

Un remède de cheval susceptible de me sauver, s'il ne me tue pas.

En attendant, il m'assomme, et me cloue au lit dans un coaltar complet.

Entre-temps, je sais que la fée Dany, la mort dans l'âme, mais consciente du danger qui pèse sur ma vie, a téléphoné aux deux voyageurs, afin de les libérer de l'engagement verbal qu'ils ont pris avant leur départ. Elle comprendrait qu'ils renoncent à m'adopter, à courir le risque d'être plongés dans un nouveau chagrin alors qu'ils émergent à peine du précédent.

Elle s'entend répondre qu'il n'est pas question pour eux de se dédire et de m'abandonner, comme on rapporterait un appareil défectueux au magasin.

Eux et moi, c'était *oui* tout de suite, pas sur un coup de tête mais sur un coup de cœur. Une réciprocité immédiate, qui ne peut pas être fondée sur des sables mouvants, mais s'enracine au plus profond et au plus secret des êtres.

Ils restent persuadés envers et contre tout que je vais m'en sortir, et qu'après avoir survécu à tant d'épreuves, je vais franchir ce nouvel obstacle.

D'ailleurs, ils rentrent à Paris dans quelques jours, et c'est promis, leur première visite sera pour moi.

À moi de tenir le coup jusque-là.

*

Promesse tenue : je ne tarde pas à les voir débarquer au refuge.

Et là, vous n'imaginez pas l'émotion de nos retrouvailles ! Alors que je suis encore très faible et amaigrie, j'émerge de mon apathie pour courir me jeter sur eux, leur mordiller frénétiquement les doigts, au risque dans mon exaltation de les mordre vraiment, puis leur lécher les mains là où mes crocs se sont plantés par erreur, et tour à tour leur badigeonner le visage de bave et d'affection. Effusions, transfusion. L'amour me requinque, mes forces reviennent.

Par quel tour de passe-passe ces deux oiseaux, rencontrés une seule fois il y a deux semaines ont pu me manquer à ce point ? Un constat inexplicable.

Je vous ferai remarquer au passage que je n'ai pas choisi le terme *oiseaux* au hasard, car, le croirez-vous, c'est le nom de l'un des deux, celui aux yeux bleu-blanc-rouge qui parle peu et s'inquiète toujours de tout. Pas toujours pour rien, la preuve.

Cette deuxième fois nous confirme dans la certitude que notre tout premier rendez-vous était bien un signe du destin. Je les aime, et ils m'aiment en retour.

Reste à savoir, pour autant que j'arrive à me rétablir, si je saurai ensuite les consoler du deuil qui imprègne encore chacun de leurs gestes, chacun de leurs sourires au bord des larmes.

Nous n'en sommes pas encore là, car j'en ai encore un bout de chemin à parcourir jusqu'à la fin du traitement, et eux doivent déjà s'en retourner chez eux.

D'autres effusions. Celles de leur départ et de notre séparation.

Je vois qu'ils ont du mal à se détacher de moi. Une difficulté réciproque.

Au revoir mes amis, je vous jure que je vais me rétablir. Sachez-le, vous êtes ma meilleure raison de survivre. La seule en vérité.

*

Tiens, j'ai la sensation de tousser un peu moins ce matin. Mes yeux aussi me font moins mal, comme désensablés, même si la gène persiste. En revanche, ma truffe reste anormalement chaude, et sèche au point de se craqueler comme un bout de terre où la pluie ne serait pas tombée depuis plusieurs semaines. C'est paraît-il l'un des effets secondaires produits par les médicaments qu'on m'administre. Pas agréable, mais entre ça et mourir, mon choix est vite fait.

Mon appétit, un temps disparu, revient en force, énorme, dévorant. Tant mieux. J'ai tout intérêt à me remplumer et à ne pas ressembler à un chiffon exsangue le jour où mes deux oiseaux vont rentrer pour m'emmener dans leur nid.

J'ai envie de leur faire honneur et de sauver les apparences, *mes* apparences, tout en sachant qu'ils m'aiment déjà telle quelle, quand bien même je serais pelée, estropiée, malade.

Je n'ai qu'une certitude : l'amour, le vrai, est inconditionnel.

La seule condition à respecter sera *la quarantaine*, période au cours de laquelle je devrai impérativement rester confinée en appartement, et n'aurai pas le droit de poser une patte dehors, puisque encore contagieuse pour les autres chiens, et trop fragilisée pour qu'on envisage de me sortir. Avec des défenses immunitaires au plus bas, je pourrais choper n'importe quoi par simple contact.

Cela risque de ne pas être joyeux tous les jours, ni pour eux ni pour moi, une fille de la nature qui n'aime rien tant que renifler herbes et arbres, mais avons-nous le choix ?

Comme si la gardienne du refuge lisait dans mes pensées, elle croit bon de m'informer de ce qu'elle sait de mon prochain domicile : comme tout nid qui se respecte, celui de mes oiseaux est situé en hauteur, au dernier étage d'un immeuble, et doté d'une terrasse débordant de verdure. Au fil des semaines que j'ai passées ici, elle a appris à connaître mes habitudes de chienne d'extérieur, et me sait très attachée au jardin de la maison, aux plantes, à leur odeur et à celle de la terre.

Voilà une perspective dont je n'osais pas rêver. Croyez-vous que j'aie de la chance dans mon malheur !

L'existence est une bien étrange aventure, semée d'embûches multiples et de douleurs sans nom, comme de bénédictions inattendues.

Nouvelle vie

Trois jours plus tard, le grand jour. LE jour. GRAND comme ça. ÉNORME.

Je pressens qu'ils vont bientôt arriver, et je vous laisse imaginer mon état de fébrilité à cette seule perspective.

Rien n'étant jamais aussi simple qu'il n'y paraît, je dois reconnaître qu'à ce sentiment d'exaltation se mêle un léger vague à l'âme à l'idée de quitter le refuge, mes repères, et mes compères, dont on a dû m'isoler dernièrement à cause de la maladie. Il va me falloir aussi me séparer de la gardienne des lieux, si dévouée, si disponible de jour comme de nuit pour chacun d'entre nous, et pour moi en particulier. Privilège de grande blessée.

Encore un nouveau déchirement à venir, même s'il promet d'être moins cruel que les précédents.

Je vais m'en aller une fois encore vers l'inconnu, mais pas en compagnie d'inconnus.

Une nuance qui fait toute la différence.

Bruit de voiture en train de se garer dans la rue, juste devant la maison. Oreilles en alerte, cœur battant la chamade. Et si ce n'était pas eux ?

Malheur. Non, impossible. Je sens, je sais.

On sonne. Aboiement automatique, réflexe ordinaire, à ceci près que vient s'y mêler une émotion particulière, car de l'autre côté de la porte fermée, je détecte deux présences encore invisibles, et tout mon corps agité de soubresauts participe déjà à une fête anticipée.

Mon flair ne pouvait pas me tromper.

Voilà un peu moins d'un an que je suis venue au monde, pourtant c'est comme si j'avais déjà vécu plusieurs vies. Dans ma tête, j'ai mille ans. Mille ans de famine où chaque jour m'a tiraillé le ventre, mille ans de maternité qui m'ont remplie et vidée, mille ans d'épreuves, de supplices et de deuils.

Ne vous fiez pas à ce corps frêle pas tout à fait terminé, ni à mon minois de bébé. Illusions.

Une autre vie commence, où je vais pouvoir retomber en enfance.

*

Je découvre un appartement clair avec vue imprenable sur le ciel. On m'invite à visiter la terrasse, qui est exactement comme j'aurais pu la rêver : un petit îlot de verdure, pas si petit que ça d'ailleurs, planté de lavandes, de bambous, d'un pin et d'un cyprès, et comprenant même un carré d'herbe spécialement installé à mon intention, excusez du peu.

Souvenez-vous que je suis en quarantaine, et que pour les semaines à venir, il sera hors de question pour moi de me balader dans la rue, ne serait-ce que pour y faire mes besoins.

Je poursuis mon tour dans le grand séjour, sorte d'aquarium sans eau uniquement délimité par des baies vitrées, d'où je ne vois que des feuilles, des fleurs, et des nuages blancs sur fond bleu.

Un lieu de séquestration assez proche de l'idéal, il me faut le reconnaître, et je ne suis pas loin de penser que d'ici un moment je m'y sentirai tout à fait bien.

D'ici un moment ? Et pourquoi pas tout de suite ?

Vous allez comprendre : il ne m'a pas échappé que la dénommée Lulu est omniprésente dans ce qui est encore son territoire. À vue de truffe, je dirais qu'elle possédait une forte personnalité, du genre dominant. Je la retrouve partout : en photo dans des cadres disposés sur les meubles et les étagères, mais aussi dans la moquette, sur les coussins, dans l'air même.

D'emblée, une question cruciale se pose : y a-t-il une vraie place pour moi dans cette maison hantée ?

Paradoxalement, la réponse est *oui*.

Comprenez que je ne remplace personne : je prends la suite, vous voyez, et si j'avais le moindre doute là-dessus, il serait vite dissipé, tant les deux oiseaux sont aux petits soins pour moi. Dès mon arrivée, alors que je procédais à une inspection des lieux en bonne et due forme, ils m'ont indiqué où se trouvait mon lit : un couchage tout neuf où il n'y aura bientôt que *mon* odeur.

Et puis, vous n'imaginez pas, des jouets à profusion, en peluche, en caoutchouc, en tissu, en cartilage de bœuf, à ne savoir où donner de la tête, ni où planter mes dents.

C'est trop, vraiment, fallait pas. Et puis si, après tout, il fallait.

J'adore l'idée qu'on ait envie de me gâter.

Des jouets… Quand on sait ce par quoi je suis passée avant d'en arriver là, on peut trouver ça dérisoire, limite ridicule, et pourtant, comme je le disais plus haut, peut-être vais-je pouvoir vivre maintenant l'enfance que je n'ai pas eue. À condition que je survive, cela va sans dire, car me croire tout à fait tirée d'affaire serait prématuré, voire imprudent.

Percluse de douleurs articulaires, muqueuses et peau sensibilisées aussi, tant par la maladie que par le traitement, vais-je ou non garder à vie des séquelles handicapantes ?

Je vois mes oiseaux s'inquiéter des signes évidents trahissant mes courbatures, au point qu'ils se décident à passer un coup de fil à l'un des vétos qui m'ont suivie depuis mon arrivée.

Du genre pessimiste prudent, le bonhomme évoque l'éventualité d'une rechute (pas certaine, possible, entendons-nous bien), mais si elle survient, elle me sera fatale.

Il n'y va pas de main morte, celui-là. *Fatale.*

À ce mot, tombé de l'écouteur comme un couperet, je vois l'oiseau-inquiet se mordre la lèvre inférieure, pâlir, comme sur le point de défaillir… pour se ressaisir aussitôt.

Non, non, non et non ! Il est hors de question de rester sur un pronostic de mauvais augure, émanant d'un type dépressif qui doit toujours voir tout en noir et n'a pas son pareil pour vous tirer vers le bas. Au suivant de ces messieurs.

Autre appel chez le véto qu'ils connaissent déjà, celui-là même qui avait si bien accompagné Lulu jusqu'au tout dernier jour de sa quinzième année.

Et là, soupir de soulagement, le second avis est très exactement à l'opposé du précédent.

En résumé : la maladie et ce traitement de cheval m'ont fragilisée, soit, mais si j'avais dû y rester, ce serait déjà fait. Et le brave homme d'ajouter qu'au contraire, j'ai développé de bons anticorps et suis désormais plus résistante que la moyenne. Les symptômes actuels, douleurs et inconfort, vont progressivement s'estomper, et il me voit vivre très, très longtemps.

Voilà un véto comme on les aime !

Du coup, nous voilà requinqués tous les trois.

Allez, qu'est-ce qu'on mange pour fêter ça ? Car s'il y a une chose que je n'ai pas perdue en route, sachez-le, c'est l'appétit. Appétit de vivre, et appétit tout court.

Je vide le contenu de mes gamelles en moins de temps qu'il n'en faut pour les remplir, et force est de constater que dans ma précipitation je mange assez salement.

Pour reprendre le langage parfois trivial des oiseaux, disons que j'en fous partout, mais au vu de mes cochonneries, ne vous donnez surtout pas la peine de courir chercher éponges, balayettes ou serpillières. Sachez qu'à la fin de chaque repas, méticuleuse comme pas deux, je pousse le goût du travail bien fait jusqu'à tout nettoyer. À coups de langue, cela va sans dire. Pas un détail, pas une miette ne m'échappe. Gamelle nickel, sol idem. La fée du logis, c'est moi.

À voir et à entendre mes oiseaux s'extasier à tout bout de champ à propos de mes moindres faits et gestes, même les plus anodins, je sais que j'ai trouvé en eux des admirateurs inconditionnels.

— Tu as vu comme elle se roule sur le tapis après avoir mangé, elle est irrésistible, non ?

— Admire un peu comme elle est propre, et comme elle a vite compris qu'elle devait faire ses besoins sur le carré d'herbe de la terrasse ! C'est bluffant comme elle est intelligente…

— Oh ! et quand elle dort, regarde… un ange !

Vous l'aurez compris : ils sont gaga.

Comme je les connais, ils ne m'en voudraient pas du tout que je parle d'eux en me moquant un peu. C'est sans malice de ma part, au contraire. Je n'éprouve qu'une indicible gratitude à me savoir l'heureuse bénéficiaire d'un transfert d'affection, et la dépositaire d'un énorme stock d'amour : celui qu'ils ne peuvent plus manifester à Lulu, et peut-être même aux chiens qui l'ont précédée. Imaginez un instant le bien que ça fait d'être aimée à ce point. N'est-ce pas un peu lourd parfois ?

Jamais.

En tout cas, je peux vous dire que je ne les laisse pas en rade avec un trop-plein de caresses dont je ne voudrais pas ou que j'accepterais de mauvaise grâce.

J'en prends autant qu'ils veulent m'en donner et j'en redemande.

En retour, ils ont droit à toute l'affection dont je

suis capable et, sachez-le, ma réserve est i-né-pui-sa-ble.

Au final, tout le monde y trouve son compte.

Je n'en continue pas moins à sentir et ressentir la présence de Lulu partout, autant dans l'espace réel que dans cette autre dimension qu'est la mémoire. Sauf que le fantôme circonspect et plutôt agressif du début s'est changé en un esprit bienveillant qui ne prend pas ombrage de l'amour dont témoignent les deux compagnons qui ont été les siens.

Les premiers temps, même s'ils ont tout fait pour que je n'en souffre pas, j'ai compris qu'ils craignaient de la trahir à travers moi, de ne pas aller au bout de leur deuil, culpabilisés de ne pas la pleurer autant ni aussi longtemps qu'ils auraient dû, parce que j'étais là, à sa place.

Elle peut dormir tranquille pour l'éternité : je ne lui vole rien. Mieux encore, c'est comme si sa vie était prolongée par la mienne. J'ai en commun avec elle certains traits de caractère : exclusive jusqu'à la jalousie, éprouvant la même aversion pour les chats que pour certaines manieuses de balai ou passeuses d'aspirateur, et la même passion pour la bonne chère.

Ceci posé, c'est à mon humble avis une bonne chose qu'elle et moi ne nous ressemblions pas du tout physiquement, car les rapports auraient alors été faussés dès le départ. J'aurais malgré moi usurpé un rôle, au risque de rester à jamais la doublure d'une autre.

Là, pas de confusion possible : entre Lulu la noiraude, croisé retriever aux yeux de miel, et moi, petit renard improbable aux yeux maquillés à l'orientale, il y a un monde.

Et puis, ne l'oublions pas (sans vouloir tirer quelque gloriole de mes aventures), je ne suis pas exactement n'importe qui, une chienne de race choisie dans une boutique, ou dans un élevage peuplé d'individus interchangeables. J'arrive avec une histoire, un passé déjà chargé de malchance et de chance, *mon* histoire. À choisir, j'aurais sans doute préféré avoir un départ dans l'existence moins chaotique et douloureux, encore que. Ce passé fait désormais partie de moi, et en définitive, c'est grâce à cette avalanche de malheurs que j'en suis arrivée là. Vous aurez remarqué que j'ai bien dit *grâce à* et non *à cause de*... Qui aurait pu croire cela, à peine quelques semaines auparavant ?

Le prix à payer en contrepartie, c'est aujourd'hui la quarantaine à laquelle je suis soumise, c'est ma patte à jamais estropiée, ce sont les douleurs qui entravent certains de mes mouvements, c'est ma truffe desséchée au point de se fendiller et de virer au gris, et qu'il faut traiter au quotidien en y appliquant de l'huile d'amande douce.

À part ça, je reconnais n'avoir à me plaindre de rien. Vie de cocagne, un peu recluse mais tellement protégée.

Jour après jour, tout me confirme que mes oiseaux méritent largement la confiance immédiate que je leur ai accordée, et réciproquement, car vivre ensemble dans le même nid et en harmonie sous le même toit n'est jamais gagné d'avance.

*

La toute première chienne qu'ils avaient eue il y a de nombreuses années était une petite griffonne à peu près de la même taille que moi, qu'ils ne pouvaient laisser seule cinq minutes d'affilée à la maison sans qu'elle se venge aussitôt sur quelque chose, coussins, livres, disques, mobilier.

La pauvre Buffy était sujette à une forme de stress destructeur, et lors de leurs absences, même très ponctuelles, elle s'en prenait à tout ce qui lui tombait sous la dent.

Rien n'y faisait, ni les remontrances de ses maîtres fâchés, ni la méthode dure, avec le fameux journal roulé afin de punir la fautive, ni la méthode douce et les mots rassurants auxquels ils eurent également recours, en espérant que ça fonctionnerait mieux. Après chaque bêtise commise, se sachant coupable, elle se couchait à leurs pieds en signe de soumission, découvrant ses canines en un irrésistible sourire embarrassé, qui avait au moins pour effet de désamorcer leur colère.

À la fois adorable et hystérique, Buffy restait réfractaire à la discipline, décourageant tout effort pour faire évoluer son comportement. Chienne de compagnie qui ne supportait pas la solitude, la malheureuse ne vécut que deux ans. Heurtée par une voiture en plein Paris. Tuée sur le coup.

Malgré le nombre phénoménal de saccages domestiques dont elle s'était rendue coupable, ses deux maîtres en état de choc, abasourdis et dévastés de chagrin, mirent tellement de temps à se ressaisir qu'ils décidèrent d'un commun accord de ne plus jamais, *jamais !* prendre la responsabilité d'un chien à leurs côtés ; ce qui tendrait à prouver qu'il ne faut jamais jurer de rien, car avant mon arrivée impromptue dans leur existence, il y avait déjà eu Mangas, magnifique bâtard vagabond importé de Grèce, Charly son fils, né en Périgord, suivi de Lucy, sauvée de la noyade et ramenée des Antilles alors qu'elle n'avait que huit jours.

Il faudra que je revienne là-dessus, rappelez-le-moi si j'oubliais. J'ai tellement de choses à vous raconter que j'ai parfois peur de perdre le fil et de me disperser.

Je compte sur vous.

*

Peu après mon arrivée dans leur logis, je sens donc mes deux compagnons encore marqués par les lointains exploits de Buffy, vaguement inquiets à la seule idée de devoir me laisser seule à la maison, ne serait-ce que le temps d'un dîner en ville ou d'une sortie au cinéma.

Deux ou trois heures à tout casser. À tout casser, justement. Ne vais-je pas entreprendre de me venger d'une solitude imposée en saccageant tout, m'attaquant aux livres, aux disques, aux coussins des canapés, aux couvre-lits, aux boiseries des portes, aux tapis, en compissant le sol, en mettant leur nid sens dessus dessous ?

C'est mal me connaître, mais ils me connaissent encore mal et n'osent espérer que je puisse me sentir d'emblée chez eux comme chez moi, protégée de tout danger extérieur, et qu'à part le déplaisir momentané de les voir disparaître derrière la porte, rien absolument rien ne me perturbe.

À chacun de leurs retours, après les effusions réciproques, ils font un rapide tour d'inspection dans l'appartement, stupéfaits de ne constater aucun dégât. Je me vois même complimentée à n'en plus finir pour m'être si bien tenue. Récompensée aussi, par des caresses et des friandises qui ne gâtent rien, sauf peut-être les dents, que j'ai solides, rassurez-vous.

Ils se félicitent de ma nature sereine, tranquille, tout du moins celle dont je fais preuve dans le domaine bien délimité de leur maison, terrasse comprise.

Dehors, cela promet d'être une autre histoire, tant mon rapport au monde extérieur est basé sur la méfiance. Fondée sur mes douloureuses expériences passées, ma tendance désormais maladive à voir le danger partout et à me tenir à chaque instant sur le qui-vive ne manquera pas de soulever une foule d'autres problèmes.

Confrontation imminente, car la fin de mon maintien en quarantaine approche, et dans une poignée de jours, je vais pouvoir renouer avec la vie dite *normale*, découvrir Paris, voir du monde, côtoyer d'autres chiens.

Sans doute devrais-je bondir de joie à cette idée, mais pour les raisons que je viens d'évoquer, la perspective de la liberté retrouvée ne m'enthousiasme pas plus que ça.

Franchement, y a pas le feu.

Selon certains humains philosophes, la vraie sagesse consisterait à désirer ce que l'on a. Parfait. Voilà qui résume on ne peut mieux mon état d'esprit, bien qu'à certains moments de ma vie, je n'aurais jamais cru pouvoir adhérer un jour à ce postulat.

Mon simple instinct de survie et les nécessités d'une existence où le manque prédominait me condamnaient à l'errance, à une quête le plus souvent insatisfaite qu'il me fallait poursuivre sans relâche, jour après jour.

Or, depuis mon arrivée ici, je ne désire *que* ce que j'ai, en conséquence de quoi je laisse le reste – *tout* le reste – à qui le voudra.

Apprentissages

Une laisse ? Pourquoi faire et pour aller où ? On n'est pas bien là ?

Mon jardin suspendu, mon carré d'herbe où faire mes besoins, mon lit, mes jouets, mon petit chez-moi, et deux oiseaux dévoués pour veiller sur ma vie. Do-mi-si-la-do-ré, Sam Suffit.

Sécurité, confort, bien-être. Que demander de plus ?

De plus ? Mais le reste du monde ! La rue en bas pour commencer, puis les avenues bordées d'arbres, les places, les esplanades, la ville, un espace inconnu et infini à explorer.

Vous m'en direz tant. Très franchement, je me passe fort bien de ce vaste monde qu'ils me vantent en me le décrivant de façon si mirobolante ; mais puisqu'ils ont l'air d'y tenir, et que je les aime trop pour vouloir les contrarier, en avant pour l'aventure urbaine !

Et je n'emploie pas le mot *aventure* au hasard. C'est bien simple, tout m'effraie.

Bizarre, allez-vous penser, elle qui a survécu à une flopée invraisemblable de périls, ne devrait-elle pas être immunisée contre toutes les agressions possibles et imaginables ?

Ben non. À croire que le cocon de sécurité dans lequel on m'a maintenue depuis mon arrivée en métropole m'a déshabituée, fragilisée, infantilisée. Il y a deux mois à peine, j'avais l'impression d'avoir vécu mille ans, et me voilà de retour à la case départ, plus bébé qu'un nouveau-né, la peur du danger en prime.

Pour qui n'est pas d'ici, je vous assure qu'une ville comme Paris regorge d'agressions sonores en tout genre. Passe encore pour les voitures qui ronronnent et défilent à flot continu ; on s'y fait assez vite. Mais comment ne pas sursauter au passage assourdissant d'une mobylette, au vrombissement d'une moto, au grondement d'un camion ou d'un bus qui font trembler le sol sous mes pattes.

M'habituer à ça, jamais, vous m'entendez ! Ohé, vous m'entendez dans ce vacarme ?

Au secours, par pitié ramenez-moi à la maison !

Adieu, calme olympien ! Perdu mon équilibre précaire, hors du seul environnement qui me sécurise : chez moi. À peine sortie de ces repères, j'entre dans un état de nervosité qui peut dégénérer en panique, une idée fixe occupant à elle seule toute ma tête et mobilisant chaque muscle de mon corps. Une seule priorité, une seule urgence : filer ventre à terre en direction de mon refuge anti-stress, où aucun élément perturbateur d'aucune sorte ne vient me déstabiliser. Tirant comme une forcenée sur la laisse qui me retient, je crapahute en haletant au risque de m'étrangler à mon propre collier.

« Home sweet home », croyez-moi, il n'y a que ça de vrai.

Sans se départir du ton de douceur qui est le leur quand ils s'adressent à moi, mes deux compagnons désemparés se désolent :

— Mais enfin Chance, on ne peut pas rentrer déjà, sans que tu aies fait tes besoins ! C'était quand même ça, le but de la promenade, entre autres...

— *M'en fous, mon coin d'herbe là-haut me suffit amplement. S'il vous plaît, soyez sympas, n'insistez pas. Si vous m'aimez un peu (et je sais que vous m'aimez beaucoup plus qu'un peu), ramenez-moi !*

— Bon...

Nos premières tentatives de sortie se soldent invariablement ainsi : un fiasco.

L'apprentissage de la ville ne se fait pas en un jour, ni même en une semaine. Des mois, et même plusieurs années passeront avant que je me familiarise avec cette cacophonie à laquelle un jour je ne ferai presque plus attention. Progrès constants, mais en dents de scie.

Je vous donne un exemple au hasard : imaginez une rue calme, sans circulation ni agressivité d'aucune sorte, comme un îlot oublié par le temps où l'on pourrait entendre le chant des oiseaux, s'il y en avait. Au bout de la laisse, l'un de mes compagnons, aussi serein que moi. Un moment d'apaisement à savourer, lorsque, dans un vacarme diabolique, un humanoïde à roulettes déboule de nulle part, et passe en nous frôlant tel un bolide fou lancé à toute vitesse sur le trottoir même où l'instant d'avant nous musardions tranquilles.

Frayeur. Mettez-vous à ma place. Un mauvais réflexe, un faux mouvement, et patatras, dégâts collatéraux de part et d'autre !

Je sais maintenant que même dans des endroits a priori préservés, on n'est à l'abri ni des skateboards ni des trottinettes. Maudits engins, maladie infantile qui semble avoir contaminé un nombre alarmant d'adultes, au point d'être devenue une épidémie… et ma hantise.

Au fond, je crains de ne jamais m'habituer tout à fait à cette promiscuité dérangeante, quand elle n'est pas carrément insupportable. Dans ce contexte un brin compliqué, je peux me vanter encore une fois d'avoir de la chance ; celle d'être tombée sur des oiseaux prêts à déployer des trésors de patience.

Cela prendra le temps qu'il faut ; ils ont décidé qu'on y arriverait, et nous y arriverons, bien que Paris ne se situe pas seulement aux antipodes de mon lieu de naissance, mais aussi à l'opposé de ma nature profonde.

La vie trépidante, les décibels qui agressent l'oreille, l'air saturé de puanteurs, sans vouloir faire ma difficile, je vous les laisse, tout en me demandant comment vous autres, les autochtones, vous arrangez pour subir une telle épreuve quotidienne sans y laisser votre peau, ou tout du moins votre santé mentale et physique ?

Il paraît que les plus chanceux d'entre vous s'autorisent le plus souvent possible des escapades à la campagne, à la mer ou à la montagne, pour vous... comment dites-vous ? *Vous res-sour-cer ?* Ah... attendez, je crois comprendre de quoi il s'agit. Pour rester simple : vous partez vous refaire une santé, quoi !

Loin de cet enfer sonore et olfactif, vous pouvez à nouveau prêter attention au gargouillis d'une source, vous y *ressourcer* pour de bon, respirer un peu d'air vrai et frais qui ne soit pas saturé de pestilences. Si c'est bien de cela qu'il s'agit, je vous donne mille fois raison, parce que ici, j'aime autant vous dire que même aux heures de la nuit où l'agitation est retombée, reste en fond sonore une rumeur persistante, comme un grondement sourd que déchire de temps à autre le hululement strident d'une sirène ou d'une autre machine infernale.

Une seule minute de vrai silence ? Vous voulez rire. Jamais.

Et puis la nuit n'est pas la vraie nuit non plus ; juste un ciel bizarre, d'une couleur sale tirant sur le marronnasse violacé, où l'on a un mal fou à discerner les étoiles, tant la ville continue à y projeter ses lumières.

Dans l'île où je suis née, quand il m'arrivait de regarder là-haut, bien après que le soleil s'était noyé dans la mer, mes yeux ne rencontraient qu'un bleu profond piqué d'une infinité de petites pierres scintillantes.

N'allez surtout pas vous méprendre, et croire que je me languis d'une île hostile où l'on trucide sans vergogne chiens et chats errants, mais j'aimerais quand même bien découvrir un jour un coin de terre d'où il est possible d'apercevoir la Voie lactée, discerner clairement les étoiles, et entre autres, la constellation du Chien.

Mes oiseaux ne vont pas tarder à m'en donner l'occasion, en m'emmenant dans leur autre nid, où je n'ai pas encore mis les pattes.

Il me reste à découvrir tout un pan de leur vie que je ne soupçonne pas encore, et qui a pour cadre une région de leur pays qu'ils appellent la Provence.

*

Le voyage commence mal. Dès l'arrivée à la gare, stupeur et tremblements. L'envie irrépressible de déserter me reprend. Mes oiseaux auraient-ils perdu la tête pour m'entraîner à leur suite dans un tel capharnaüm ? Ne savent-ils pas à qui ils ont affaire ? Qu'est-ce qui leur prend de m'imposer délibérément un tel stress ? Tout concourt à m'inquiéter dans ce hall gigantesque pris d'assaut par une foule de gens qui se bousculent et circulent en tous sens dans un brouhaha comparable à celui qui règne dans un aéroport.

Malgré les caresses prodiguées et les mots qui se veulent rassurants, comment puis-je comprendre que cette nouvelle épreuve est le prix à payer pour atteindre la destination paradisiaque vers laquelle ils m'emmènent ?

Soumise à leur bon vouloir, docile par obligation, je finis par embarquer avec eux et d'autres passagers dans un long tube de métal qui ne tarde pas à nous emporter vers un ailleurs incertain, à travers des paysages que je n'aurai même pas l'opportunité de voir, tant ils défilent à une allure vertigineuse. Ce qui m'était apparu au départ et pendant tout le voyage comme une démarche aussi obscure qu'absurde n'est devenu lumineux qu'à l'arrivée.

Mais quelle lumière !

Des collines à perte de vue, des buissons et des bosquets encore verts partout, bien qu'entre-temps ce soit presque l'hiver, la saison où la plupart de vos régions grelottent sous une chape d'air humide et glacial, pendant que sans faire preuve d'aucun sens logique, les arbres, eux, se déshabillent. Par ce froid ? Aberrant, non ?

N'oubliez pas que sur le coin du globe où j'ai vu le jour, l'hiver est au contraire la période où il fait chaud et sec. Mais que m'importe le vent aigre, la pluie ou le gel, mon instinct me dit que je vais me plaire dans ce lieu.

Tous les sens en éveil, la truffe en folie et le corps libéré de l'entrave d'une laisse, je peux fêter allègrement mon retour à la nature, puis, une fois la première ivresse retombée, je m'aperçois que je ne suis pas au bout de mes découvertes : solidement plantée sur son rocher et nichée dans la verdure, une vieille maison aux épais murs de pierre m'offre son toit, sa protection, le gîte et le couvert.

D'emblée, je sais que désormais leur maison est aussi *ma* maison, et en même temps, tout comme je l'ai constaté dans l'appartement de Paris, j'y ressens l'omniprésence de Lulu.

Je suis chez elle. Non pas comme une intruse, mais comme un nouveau membre de la famille.

Son fantôme amical me suit de pièce en pièce, guidant ma première visite, m'indiquant ses coins préférés, le tapis moelleux du salon où elle aimait s'allonger en hiver, le carrelage de la cuisine qui restera agréablement frais même au plus chaud de l'été, cette cachette sous le bureau où elle se réfugiait les jours d'orage, lorsqu'elle craignait, comme moi, que le ciel lui tombe sur la tête.

Elle m'accompagne aussi au jardin où elle repose, à l'ombre d'un chêne majestueux entouré de romarins et de lavandes. Loin d'être concurrentes dans le cœur de *nos* oiseaux, nous sommes sœurs désormais.

Deux ou trois choses que je sais d'eux… et de leurs chiens

Si vous êtes d'accord, je pense qu'il est temps pour moi d'ouvrir une parenthèse où je vais pouvoir vous parler un peu plus en détail des deux inséparables, vous dire qui ils sont, ou plutôt *ce* qu'ils sont, et vous raconter en bref leur longue aventure avec les chiens qui m'ont précédée à leurs côtés.

D'abord, je dois vous informer qu'ils ne se connaissent pas d'hier, et qu'ils se sont rencontrés il y a pas mal d'années, à une époque où ni mes parents, ni même mes grands-parents n'étaient nés… c'est vous dire !

A priori, rien ou presque ne devait les réunir, dans la mesure où chacun d'eux gravitait dans un univers bien défini, peu susceptible de rencontrer l'autre.

Tout comme les oiseaux sauvages de mon île natale, l'un donnait de la voix là où on voulait bien l'écouter ; en hiver, dans des lieux clos appelés *boîtes de nuit,* où les humains s'enferment pour s'amuser et s'agiter ensemble, à l'abri du froid ; à la belle saison, aux terrasses des cafés et des restaurants où, après avoir poussé sa dernière note, il passait entre les tables muni d'une assiette afin d'y recueillir ce qu'on voulait bien lui donner en échange de sa prestation.

Une vie de vagabond qui me rappelle quelqu'un, ou plutôt quelqu'une, pas vous ?

L'autre gagnait sa vie en vendant à longueur de journée de beaux vêtements à des humains fortunés soucieux d'améliorer leur apparence. La nuit, comme tout oiseau diurne qui se respecte, il dormait, et rien ne le prédisposait à croiser le chemin d'un rossignol noctambule. Il a donc fallu que le destin s'en mêle.

Un soir d'insomnie, un écart, une sortie de route impromptue vers l'une de ces boîtes où un oiseau de jour n'aurait jamais pensé mettre la patte, et les deux trajectoires se sont croisées pour ne plus se séparer.

Aujourd'hui encore, l'un chante, l'autre pas. L'un voyage, toujours entre deux départs pour tel ou tel endroit où on le réclame, alors que l'autre s'éloigne le moins possible de la maison.

Il vit de sa plume (une activité tout indiquée pour un oiseau), et consacre une partie de son temps à essayer de poser des mots sur des mélodies qu'on veut bien lui confier.

Paroles en l'air, sans doute, du vent, ironiseront certains, mais sans avoir l'oreille particulièrement musicale, je devine que les signes qu'il griffonne à tout bout de champ sur le moindre papier qui traîne à sa portée détiennent peut-être un pouvoir.

Celui de mettre du baume au cœur des gens lorsqu'ils sont tristes, ou d'accompagner leurs moments de gaieté. À l'oiseau-chanteur de prendre ensuite le relais en donnant vie à des mots qui sans lui resteraient muets. Voilà donc deux êtres aussi disparates que possible, et qui pourtant se complètent.

Qui se ressemble s'assemble ? Libre à vous de le penser, et sur ce point précis, je ne me risquerai à vous donner ni tout à fait tort ni entièrement raison. Je dirais plutôt que ces deux-là me font songer à la moitié d'une orange qui aurait rencontré une moitié de pomme et s'y adapterait, contre toute attente, à la perfection.

Pour le peu que j'en sais, je pense que la différence crée l'attirance, que les expansifs attirent les introvertis, que les taciturnes sont fascinés par les volubiles, que les optimistes rassurent les inquiets et que, par-dessus tout, l'amour, le vrai, relève du plus grand mystère.

Le trio que nous formons eux et moi n'est-il pas la preuve que les choses les plus imprévues arrivent et que l'improbable n'est jamais impossible ?

*

Deux plus un égale ?... Trois. Bravo !

Justement, je parlais à l'instant de trio, ça ne pouvait pas mieux tomber pour ce qui va suivre : j'ai déjà évoqué plus haut la brève destinée de Buffy, la première d'une dynastie canine, mais pas celle de Mangas qui lui succéda, sans que cela fût prémédité ou prévisible.

Pour la petite histoire, ça se passait à l'époque déjà lointaine où, m'a-t-on raconté, les jeans avaient la forme de pattes d'éléphant. Sans vouloir jouer sur les mots, je sens bien que je vous épate avec ce détail un peu fou, mais que cela vous paraisse crédible ou pas, je vous jure que c'est vrai.

En ce temps-là donc, mes deux oiseaux à pattes d'éléphant habitaient sur une île en plein Paris, où comme d'autres artistes et chanteurs, ils avaient élu domicile.

Là-bas, bien que la ville continue de s'agiter en permanence tout autour, l'idée d'un fleuve qui vous entoure de ses bras peut vous donner une sensation sécurisante d'isolement, de protection. Je suis bien placée pour savoir que les îles ne protègent pas de tout, mais vous m'aurez comprise.

La scène se déroule le jour précis où les deux oiseaux sont en train de changer de nid, passant d'un rez-de-chaussée étriqué à un pigeonnier haut perché et plus vaste, situé un peu plus loin dans la même rue.

Faute de moyens, les deux jeunes gens transportent à dos d'homme un matelas sous le poids duquel ils titubent un peu, s'arrêtant à intervalles réguliers pour reprendre leur souffle et s'essuyer le front de la sueur qui leur dégouline dans les yeux.

Ils sont en pleine pause lorsqu'un taxi s'arrête à leur hauteur. En sort un mince barbu d'assez haute stature, crinière poivre et sel auréolant un beau visage au teint hâlé.

Les trois se connaissent et se reconnaissent : c'est un voisin et ami îlien, lui aussi chanteur, et qui revient tout juste d'un voyage en Grèce, le pays de ses lointaines origines. Dans ses bras, un tout jeune chien visiblement sujet au mal des transports. Le plastron du malheureux animal est souillé de vomi, tout comme la manche et la tunique du pâtre grec.

— Tenez, propose-t-il tout de go, leur tendant la peluche poisseuse à bout de bras, si vous le voulez, il est à vous ! En vérité, bien que je sois plutôt chat que chien, je l'avais embarqué avec moi dans le but de l'enlever à une existence de misère, et de le garder un peu avec moi avant d'en faire cadeau à quelqu'un... mais je dois repartir plus tôt que prévu donner plusieurs concerts au Japon, je n'aurai absolument pas le temps de m'occuper de lui. Sa mine à la fois contrite et souriante plaide la cause du petit être en mal de foyer d'accueil. Ça tombe mal, je le reconnais... ou ça tombe bien, selon ce que vous décidez.

Pris de court par le cadeau piégé qui leur tombe dessus, les transporteurs de matelas échangent un regard en forme de point d'interrogation, mais ils savent, à la vue de l'irrésistible chiot, que leur devise « *Plus jamais de chien !* » vient de fondre comme un glaçon en plein cagnard.

— Ah, j'oubliais ! ajoute le barde au calme olympien, soudain pressé par l'impatience de son chauffeur, je l'ai appelé Mangas, ce qui signifie « petit voyou » en grec.

— Bien... Va pour Mangas alors, et... et à bientôt... mais que... ?

Mais quoi ?

Trop tard, la voiture a déjà démarré.

C'est ainsi que Mangas, voyou natif de Corfou (encore une île, *déjà* une île), fit irruption dans l'existence des deux oiseaux, devenant leur mascotte pendant plus de sept ans. Physiquement, je dirais que nous aurions pu être un peu cousins, même si son gabarit était plus imposant que le mien. Même pelage sable et noir, même queue en panache et mêmes oreilles mobiles émergeant d'une touffe de longs poils soyeux.

Adulé, bichonné, photographié, sa belle gueule devait faire merveille un peu plus tard dans les magazines et sur les pochettes de disque. Chien star, croisement de hasard doté d'une allure racée et d'un caractère bien trempé, il savait snober son monde, et ne se laissait pas approcher par n'importe qui.

C'est pour ainsi dire aux premières loges qu'il assista à la notoriété montante de l'oiseau-chanteur, suivie d'un succès démesuré qui déclenchait d'effrayants mouvements de foule, une forme d'hystérie collective, propre à faire remonter du fond de sa nature où prédominait l'indifférence pacifique, des réflexes d'agressivité défensive. À la fin des concerts, inquiet de voir son maître cerné et assiégé dans sa voiture par des hordes de fans en folie, il écumait de rage, hors de lui.

Princier à sa façon, et (contrairement à moi) doté d'un tout petit appétit, il ne consentait à manger que lorsque la nourriture était de premier choix, d'où sa ligne impeccable.

Cela dit, tout prince qu'il était, il lui arrivait plus souvent qu'à son tour de courir la gueuse dans la campagne périgourdine où les inséparables avaient à l'époque élu domicile, et d'y fréquenter les fermes avoisinantes à la recherche de quelque idylle champêtre avec une roturière bas de gamme.

Un matin, il rentra de l'une de ses équipées amoureuses crotté jusqu'aux yeux et amaigri par deux jours de jeûne consécutifs liés à son état de désir incontrôlé. Un gros orage menaçait, et cette seule raison l'avait ramené à la maison, à l'heure où le café fumait dans les mazagrans.

Comme moi terrorisé par les éclairs et le tonnerre, il vint se coucher aux pieds de ses maîtres, tellement contents de le revoir après quarante-huit heures de fugue qu'ils oublièrent de le gronder. Les grondements du ciel suffisaient.

Rattrapé par la fatigue il s'était enfin assoupi, apaisé après quarante-huit heures de veille et de fornication, quand tout à coup, on le vit se redresser, comme s'il se réveillait en sursaut d'un mauvais rêve… pour retomber à terre dans une posture d'une raideur anormale.

*

Des deux oiseaux, le plus réaliste comprit tout de suite. L'autre, pourtant pessimiste d'ordinaire, refusait de croire que la vie avait pu quitter Mangas le magnifique, comme ça, pffuitt !… alors qu'il avait tout juste sept ans. Est-ce l'épuisement, conjugué à la peur, qui l'a terrassé ce matin-là ?

Le vétérinaire le plus proche où ils l'emmenèrent en quatrième vitesse ne put que constater et confirmer la triste évidence. Le cœur avait lâché.

Ce deuxième deuil, comme le premier, les laissa abasourdis, fous de douleur pendant plusieurs jours, plusieurs nuits… Puis un matin, vidés de leur trop-plein de larmes, l'évidence les saisit : ils entreprirent d'effectuer la tournée des fermes voisines, à la recherche de celle où Mangas avait tenu son siège amoureux.

Ils la trouvèrent sans difficulté.

La chienne de la maison ne ressemblait pas à grand-chose, comme souvent dans les campagnes où les animaux ne sont pas forcément maltraités, mais négligés, nourris de restes de pain, de chutes de lard et de détritus, mais les deux oiseaux ne s'arrêtèrent pas à ce détail, et décidèrent d'expliquer la situation à la fermière avant de lui faire une requête : si dans les semaines à venir il s'avérait que sa chienne présentait les premiers signes d'une maternité à venir, ils se porteraient d'avance acquéreurs d'un petit chiot, d'un fils de Mangas.

Ainsi la mort n'aurait pas tout emporté, tout détruit. Un peu du père survivrait dans son rejeton.

Une semaine après, la grossesse de la chienne se confirmait, et trois mois plus tard, bébé Charlie fit son entrée officielle dans le nid des oiseaux.

En grandissant, il se révéla être le meilleur compagnon imaginable.

Solidement charpenté, d'allure un peu rustique, pelage caramel virant au roux, regard fondant et oreilles tombantes, Charlie s'accommodait de tout, obéissant et malléable à souhait. D'un pacifisme confinant à la passivité, il pouvait sans broncher se laisser *marcher sur les pattes* par quelque berger allemand dominant ou chow-chow mal léché. Trop gentil.

Une caractéristique sans doute héritée de sa mère plus que de son père.

Une bonne pâte, doublée d'une bonne patte, il était toujours partant pour les longues promenades à la ville ou à la campagne ; endurant, fidèle, n'ayant peur ni de l'orage, ni des feux d'artifice et des pétards du 14 Juillet, qui justement mettaient son père en pétard en même temps que cela lui flanquait la frousse.

Rien, aucun défaut, excepté la gourmandise, péché véniel, même lorsqu'un soupçon de roublardise l'accompagne, si vous voyez ce que je veux dire.

Il savait utiliser l'arme secrète du regard implorant, et quémander avec un tel pouvoir de conviction qu'y résister aurait relevé de la cruauté pure.

J'ai conscience en insinuant cela de prêcher un peu pour ma paroisse, car ce regard-là, j'ai commencé à le travailler très tôt, et continue à en faire usage avec d'assez bons résultats dans l'ensemble. Que voulez-vous, une ancienne mendiante ne pourra jamais se départir de ses premières habitudes.

Bref, revenons à Charlie : un amour, le chien idéal. Neuf belles années sans histoire, puisque heureuses.

Et puis... et puis arriva l'instant, où sans aucun signe avant-coureur, tout bascula.

*

Un soleil hivernal réchauffait cette matinée de décembre, et les deux inséparables avaient décidé d'en profiter pour effectuer de menus travaux à l'extérieur. Charlie venait de vider sa gamelle de midi, et s'apprêtait à s'offrir, comme il le faisait depuis neuf ans, une balade digestive.

— À tout à l'heure, mon beau ! lui lancèrent en chœur les oiseaux. Il remua la queue en signe de connivence et de satisfaction puis, d'une foulée tranquille, prit comme à son habitude le chemin qui traversait la pinède.

L'après-midi passa vite, encore raccourcie par l'heure d'hiver qui oblige à rallumer les lumières dès l'heure du thé.

À la tombée de la nuit, pas de Charlie.

— Bizarre… à cette heure-ci, la faim le ramène toujours vers la maison. Il doit être en route et ne va pas tarder.

Déconcertés par ce retard inhabituel, les maîtres se rassurèrent l'un l'autre en évoquant la possibilité d'une fugue amoureuse, de quelque chienne en chaleur dans une ferme des environs. Comme Mangas avant lui, le coquin devait tenir un siège assidu devant le domicile de la créature désirée, dans un état d'hypnose tel qu'il avait tout oublié, jusqu'à l'heure sacro-sainte de la gamelle du soir.

Rien de grave a priori, mais il fallait absolument le localiser, et si possible, aller le récupérer.

Ils téléphonèrent aux différents voisins habitués à ses visites.

— Bonsoir, excusez-nous de vous déranger si tard, mais est-ce que par hasard Charlie ne serait pas chez vous ?... Comme vous avez une chienne, on se disait que peut-être... Ah... et vous ne l'avez pas aperçu non plus au cours de la journée ?

À chaque fois, la réponse était non.

— Bon... enfin si jamais vous le voyez, n'hésitez surtout pas à nous rappeler, quelle que soit l'heure. Merci d'avance, et pardon pour le dérangement !

Le lendemain matin, après une mauvaise nuit entrecoupée de réveils en sursaut au moindre craquement de parquet, toujours pas de Charlie.

Une absence alarmante qui décida l'oiseau-chanteur à user de sa notoriété pour faire passer des annonces dans les stations de radio locales, pendant que l'autre s'occupait à placarder sur les poteaux en bord de route des affichettes en couleur imprimées à la hâte, avec, sous la bonne bouille de Charlie, un numéro de téléphone et une promesse de récompense.

Des médiums locaux vinrent même proposer leurs services, équipés de pendules et de tout un bazar paranormal, localisant Charlie ici ou là.

En pure perte.

Porteuses d'espoirs infimes, les démarches les plus farfelues et abracadabrantes furent tentées sans rien donner. Et puis, en questionnant les gens des alentours, les oiseaux finirent par avoir la conviction qu'un malaise plombait les réponses souvent évasives à leurs questions.

La loi du silence régnait sur cette disparition, comme sur d'autres.

Ça ne vous rappelle rien ?

Au final, par recoupement, ils arrivèrent à la conclusion terrible que Charlie avait été kidnappé.

À mi-voix, sous le manteau, des informations inquiétantes circulaient, évoquant ces réseaux de voleurs d'animaux qui agissaient pour le compte des tout-puissants laboratoires. Légende ou réalité ? Personne ne voulait y croire vraiment. Et puis Charlie était tatoué ; n'était-ce pas un rempart contre ce genre de trafic ? Certains l'affirmaient, d'autres ne se prononçaient pas.

Or, par recoupement, on découvrit que trois chiens avaient disparu dans le secteur au cours de la même journée. Renseignement pris, la technique de capture était imparable : une camionnette à l'intérieur de laquelle se trouve une chienne en chaleur permet d'embarquer n'importe quel chien mâle normalement constitué.

Rétrospectivement, les deux oiseaux culpabilisaient de leur insouciance et de leur désinvolture. Ils avaient toujours eu confiance en leurs chiens et en la vie, promenant leurs compagnons sans laisse à travers la ville, laissant Mangas puis Charlie les attendre à l'extérieur des boutiques pour les récupérer à la sortie, une fois leurs achats terminés.

Tout s'était toujours passé sans accroc, sans l'ombre d'un problème ou d'une angoisse : ils retrouvaient toujours leur compagnon à la sortie, à l'endroit précis où ils lui avaient indiqué de s'asseoir. Ni l'affluence aux abords des grands magasins, ni les éventuelles caresses prodiguées par quelque passant ne l'auraient fait bouger d'un iota.

Et voilà qu'en pleine campagne, dans un environnement des plus familiers où a priori aucun danger n'est à redouter, l'impensable était arrivé.

Les semaines passèrent sans que le fol espoir de revoir Charlie s'éteigne tout à fait. Cela s'était déjà vu : qui n'avait pas lu, les larmes aux yeux, les récits de ces animaux héroïques capables de parcourir des dizaines, voire des centaines de kilomètres pour rejoindre leur maître et leur maison ?

De l'autre côté de la balance, des visions atroces de malheureuses bêtes prisonnières des labos, et soumises à des expérimentations sadiques. L'horreur absolue, insoutenable.

Des images du calvaire probable de Charlie hantèrent longtemps les rêves de mes oiseaux.

Après deux semaines de recherches infructueuses et de vaine attente, ils durent se résoudre à fermer la maison et à regagner Paris, où l'absence de Charlie ne fut pas moins cruelle.

La vue de son lit déserté les torturait. Ils se demandèrent s'il ne valait pas mieux le faire disparaître du décor. C'était encore pire, comme la négation du fait que Charlie avait jamais existé.

Ils le réinstallèrent, comme on laisse une porte entrouverte sur un possible retour.

Charlie ne reparut jamais.

*

Environ un mois plus tard, brisés de chagrin, les oiseaux s'envolèrent pour le bout du monde (même si vous savez comme moi que le monde n'a pas de bout). Une croisière aux Antilles les attendait.

Chaque escale fut une épreuve. Le spectacle de tous les chiens efflanqués et pelés errants à chaque coin de rue leur mettait les larmes aux yeux, leur rappelait l'absent.

Ne pas s'attacher surtout ! Se retenir d'aller les caresser, même si on en crève d'envie, puisqu'on ne pourra pas aller au-delà d'un rapport furtif, d'avance déchirant.

Paradoxalement, c'est à terre qu'ils se retrouvaient en rade, avec toute cette affection dont ils ne savaient que faire.

Qui n'a pas connu l'amputation véritable qu'est la mort d'un être cher, ou pire, sa disparition, ne peut comprendre une telle souffrance.

Je la porte en moi. Je sais. Les deux oiseaux, eux aussi, savent.

L'un des buts de leur voyage aux Antilles était de rendre visite à un ami navigateur qui avait jeté l'ancre dans une petite anse, face à Fort-de-France.

Retrouvailles à bord du rafiot, sur le pont duquel une jolie chienne rousse qui venait de mettre bas était en train d'allaiter une portée de cinq chiots aux pelages panachés.

Les pauvres petits n'avaient devant eux qu'un destin écourté d'avance, puisque tous allaient devoir être sacrifiés avant d'avoir seulement ouvert les yeux. L'existence de misère qui les attendait à terre n'étant à souhaiter à personne, l'ami navigateur envisageait de les noyer au plus vite.

Sage décision, mais qui n'en remuait pas moins les deux inséparables jusqu'au tréfonds de l'âme, endeuillant d'avance leur séjour. Une idée traversa alors la tête du plus écervelé des deux :

— Et si on en prenait un ? Ou plutôt *une* ! Regarde la petite noire, là, celle qui a l'air d'avoir trempé ses pattes dans la peinture blanche. Si jamais Charlie revient à la maison, ce n'est pas un concurrent qu'il trouvera, mais une fiancée.

S'ensuivit une âpre discussion :

— Mais enfin, tu rêves ! C'est n'importe quoi... sois un peu réaliste ! Ces chiots n'ont que huit jours et ils ne seront sevrés qu'à deux mois. De plus, je te fais remarquer que les animaux sont formellement interdits à bord des bateaux de croisière !

— Je suis au courant figure-toi, mais minuscule comme elle est, nous l'introduirons à bord au fond d'un bagage à main qu'on ne fouille jamais, et hop, ni vu ni connu ! Et puis après, nous n'aurons qu'à la nourrir au biberon le temps qu'il faudra.

— Et le cabinier ?

— Eh bien, il faudra lui graisser suffisamment la patte pour qu'il tienne sa langue.

Ce qui fut dit fut fait.

Tout se déroula comme prévu, ou presque : un attentat terroriste venait d'être commis quelque part dans le monde, et des consignes de sécurité exceptionnelles incluaient la vérification du contenu des bagages de tous les passagers remontant à bord au retour de leurs excursions. Le contexte ne pouvait pas être plus défavorable, mais hors de question de renoncer à embarquer la passagère clandestine ! Dévorés de trac au moment crucial de l'arrivée en haut de la passerelle, les oiseaux ne durent leur salut qu'à la présence d'un officier du bord qui, reconnaissant le chanteur, fit signe au vigile de les laisser passer sans les fouiller.

Ensuite, dans un calme apparent supposé ne rien trahir, ils marchèrent sans précipitation le long des coursives pour regagner leur cabine. Ce n'est qu'une fois la porte refermée sur eux et sur *l'objet du délit* qu'ils s'autorisèrent à chanter victoire, réalisant qu'ils avaient eu tous les trois très très chaud.

Lucy sauvée des eaux et sauvée tout court, dite Lulu, commença dès lors à vider ses biberons de lait maternisé toutes les deux heures, et à profiter lentement mais sûrement.

L'escale suivante, à la Guadeloupe, fut l'occasion d'une visite chez un véto local, qui délivra sans difficulté un certificat de complaisance de bonne santé, au cas où à la prochaine étape, un fonctionnaire pointilleux exigerait un semblant de paperasse officielle.

À la douane de Miami, nouveau moment de stress : une passagère clandestine cachée dans un bagage à main, ça fait désordre et peut poser problème. Là encore, un énorme coup de pot tira le trio d'un mauvais pas.

La grosse douanière suspicieuse à laquelle ils avaient affaire crut bien apercevoir quelque chose qui remuait fond d'un sac entre deux T-shirts tire-bouchonnés.

— *What is that ?* questionna-t-elle.

— *Only dirty underwear, Ma'am*[1].

Pas découragée par la réponse peu engageante, l'employée gantée de latex s'apprêtait à procéder à la fouille du bagage. En un quart de seconde, les deux complices prirent la seule décision qui s'imposait : couper court aux investigations en lui arrachant le sac des mains, et filer sans demander leur reste. Dans leur dos, ils entendirent les vociférations essoufflées de la pauvre femme obèse, qui renonça vite à leur courir après pour leur mettre le grappin dessus.

Deuxième échappée belle.

Voyage en avion sans accroc ni trou d'air : la petite supportait tant bien que mal la sécheresse de l'air climatisé, mais ne souffrait heureusement pas du mal des transports. Les hôtesses attendries se relayèrent même pour lui faire réchauffer ses biberons.

La vie en première classe.

Et Paris, enfin !

Lulu vécut près de quinze années. Quinze ans de bonheur inquiet, car elle était tout à la fois de constitution robuste et de santé fragile ; à croire

1. — Qu'est-ce que c'est que ça ? questionna-t-elle.
— Juste des sous-vêtements sales, madame.

que le lait maternisé (pratiquement le seul qu'elle ait connu) ne lui avait pas fourni tous les anticorps indispensables à une bonne résistance aux infections. En conséquence de quoi, c'était un peu *miss bobo.* Un coup les oreilles, un coup les yeux, un coup autre chose, mais jamais rien de grave.

Téméraire et craintive, aimante au plus haut degré, mais avec des accès d'agressivité.

Véritable paradoxe sur quatre pattes, elle avait su se rendre indispensable aux inséparables. Les deux oiseaux tenaient à elle comme à la prunelle de leurs yeux, et la chérissaient comme le bébé qu'elle est restée, jusqu'au tout dernier instant où elle s'endormit sur leurs genoux.

C'est vous dire si je me trouve à la tête d'un capital dont je suis l'heureuse bénéficiaire, et qui est la somme de toutes ces années d'amour additionnées.

Buffy + Mangas + Charlie + Lulu, c'est considérable, énorme, et pourtant jamais pesant ni envahissant, jamais trop.

J'aime qu'on m'aime, pas vous ?

*

Me voilà donc princesse héritière d'un vaste domaine dans les collines de Provence. Des étendues de garrigue et de bois où malgré ma patte estropiée, et quelques douleurs résiduelles ici ou là dans les articulations et l'arrière-train, je peux gambader à mon aise. Liberté étroitement surveillée cependant, car à compter du jour où Charlie a disparu, l'insouciance de mes oiseaux s'est envolée sans retour.

En conséquence de quoi, Lulu fut l'objet d'une attention constante, et il n'en est pas autrement pour moi. Cela me va d'autant mieux que je préfère de loin les promenades accompagnées aux équipées solitaires qui étaient autrefois mon lot.

Choyée et dorlotée comme pas deux, et mieux nourrie que certains requins, si vous voyez ce que je veux dire. Cependant, ne soyez pas surpris si je vous confie qu'il me reste encore un bout de chemin à faire pour atteindre ce que l'on peut considérer comme la *normalité.*

Vous n'ignorez pas que la boulimie est une maladie, et j'en suis atteinte à un point qui peut me pousser parfois à des extrémités ridicules, dangereuses.

Au tout début, juste après mon arrivée chez les oiseaux, entre deux repas copieux, il m'arrivait d'aller leur chiper des Kleenex que je trouvais à ma portée, et de les mâchouiller jusqu'à en faire une sorte de bouillie que j'avalais ensuite.

Lorsqu'on a un creux permanent à caler, n'importe quoi, même quelque chose de rigou-reusement insipide comme un mouchoir de papier peut faire l'affaire.

Je revois leurs yeux écarquillés lorsqu'ils découvrirent cette habitude qu'entre-temps j'ai perdue, rassurez-vous.

Premier printemps à la campagne. Découvertes, merveilles visuelles et olfactives pour qui aime comme moi la nature, les plantes, les fleurs. Je peux herboriser à loisir aux alentours de la maison, et je ne m'en prive pas, la truffe en éveil permanent, presque en folie. Voilà pour la poésie.

La curiosité, et sans doute aussi la faim qui me laisse rarement de répit, m'a un jour incitée à goûter à ces graminées qui foisonnent un peu partout. La pulsion qui s'ensuivit fut si forte que je me suis mise à brouter à n'en plus finir, comme si dans une vie antérieure j'avais été une vache ou quelque autre ruminant.

Mes oiseaux étonnés de ne pas m'avoir aperçue depuis un bon quart d'heure me cherchent, inquiets. J'entends leurs voix, mais suis bien trop occupée pour accourir vers eux.

Vous connaissez sans doute l'adage qui dit que « ventre affamé n'a pas d'oreilles » ? Eh bien c'est exactement ça : je suis sourde. Sourde, et lourde, lestée par une quantité folle de ces herbes qui ne le sont pas moins.

Malgré mon absence de réaction à leurs appels, ils finissent par me localiser, et je vois à leur expression ahurie que j'ai dû pousser le bouchon un peu loin, l'estomac et le ventre au bord de l'explosion. Une barrique sur pattes.

Malade comme une chienne (expression appropriée), dans un premier temps je vomis une partie de ce trop-plein, et me vide par la suite de l'autre côté, non sans douleur.

Croyez-vous que cette mésaventure m'ait servi de leçon ? Même pas. Dès le lendemain, j'étais prête à remettre ça, comme une droguée en manque.

À compter de cet instant où la stupeur l'a disputé à la peur, ils ne me lâcheront plus d'une semelle, et veilleront à me défendre aussi contre moi-même.

Promettez-moi de ne pas me trahir en allant raconter à n'importe qui cette anecdote où je n'apparais pas vraiment à mon avantage. Elle n'était destinée qu'à vous donner une vague notion des désordres auxquels je suis encore sujette de temps à autre. En dehors de quoi, mes horaires alimentaires sont réglés comme du papier à musique (ce qui est bien le moins quand on partage la vie d'un chanteur et d'un parolier, non ?).

Dès le début, les deux se sont efforcés de me fixer des heures de repas aussi régulières que possible et quasi immuables, à tel point que si pour une raison *x* ou *y* cet emploi du temps vient à se trouver décalé, c'est moi qui les rappelle à l'ordre avec une précision d'horlogère suisse.

J'ai l'air comme ça très à cheval sur le règlement des repas, et d'une certaine façon je le suis, bien que les extras soient toujours bienvenus.

Par exemple, ne vous aventurez pas à laisser une belle truite cuisinée à la perfection au bord d'un plan de travail, juste à portée de museau, ou alors ne vous étonnez pas (quelle que soit l'heure) si cet en-cas inespéré finit en un éclair dans mon estomac. Le jour où c'est arrivé (car c'est arrivé), il m'a semblé que nous frôlions l'incident diplomatique.

Je reconnais que je m'étais régalée comme rarement, mais en contrepartie, s'il y a bien une chose que je déteste, c'est faire de la peine, surtout à ceux que j'aime par-dessus tout.

Ça me gâche le plaisir. Or, à la découverte de mon vol à l'étalage, les oiseaux ont paru contrariés, fâchés même.

Vous savez comme moi que les sourcils froncés et les voix montant d'un cran n'augurent jamais rien de bon. Je prévoyais donc de me faire engueuler, peut-être même punir pour la première fois de notre vie commune, et ça, contrairement au poisson, je ne l'aurais pas volé.

Mais voilà que contre toute attente, les deux que je voyais se pincer les lèvres depuis un moment ont fini par exploser de rire à la vue de mon air contrit.

Selon eux, j'étais *irrésistible.* Allez comprendre les hommes.

Aux armes

Les collines où nichent mes oiseaux sont assez proches de ce que l'on pourrait appeler un paradis. Tout y est d'une splendeur sauvage, un peu âpre à cause d'un temps qui oscille presque toujours entre mistral, déluge et canicule, mais c'est beau à couper le souffle, vous pouvez me croire sur parole.

En dépit des extrêmes qui s'y côtoient, la vie y est douce et le bonheur entier, mais ce n'est pas à vous que je l'apprendrai : le paradis n'existe pas. Pas sur terre en tout cas, depuis que l'homme s'est employé à le détruire, et à s'en chasser lui-même.

Ce n'est d'ailleurs pas par hasard que j'use ici du verbe *chasser.*

Ah, *l'ouverture* ! Jour tant attendu des tueurs nantis de leur permis d'assassiner.

Hors de cette saison, si vous êtes très matinal, vous pouvez croiser dans ces collines qui sont devenues les miennes toutes sortes d'animaux en liberté : renards, cerfs, biches, faisans, palombes, perdreaux, perdrix, j'en passe… mais à chaque début d'automne, c'est la même déclaration de guerre : on voit débarquer sur nos terres des armées de cinglés en treillis et affreuses vestes orange fluo ; une mesure de prudence, des fois que ces imbéciles prennent leurs coreligionnaires pour des bêtes à abattre, et se trucident les uns les autres.

Quitte à vous choquer, j'avoue que la perspective de voir ce combat absurde et inégal cesser faute de combattants n'est pas pour me déplaire. Je dirais même que ça me réjouirait assez.

Arroseurs arrosés, viseurs visés, tueurs tués.

La campagne en paix, enfin !

En attendant ce jour béni qui n'arrivera pas, malheur aux promeneurs, randonneurs et autres ramasseurs de champignons qui s'aventurent le long des sentiers ou dans les fourrés, car une balle perdue ne l'est pas forcément pour tout le monde.

Malheur à moi aussi, qui ai les coups de feu en horreur, et qui présente, comme vous le savez, une apparence de renard. De là à imaginer que l'un de ces crétins à la gâchette facile et au taux d'alcool plus élevé que son quotient intellectuel me confonde avec l'un de mes cousins, il n'y a pas loin.

Paw, paw ! Exit Chance…

Non, non et non, pas question. Après avoir échappé de justesse aux pêcheurs, ce serait quand même ballot de me faire trouer la peau par un chasseur.

Aussi mes oiseaux, qui pensent à juste titre que ça n'arrive pas qu'aux autres, ne se risquent jamais à m'emmener en balade lors des week-ends où les collines résonnent de déflagrations tous azimuts.

Nous attendons que la fureur meurtrière retombe d'un cran et que les armes se soient tues pour tenter de prudentes sorties, en nous méfiant tout de même des tireurs embusqués, des braconniers et des retraités cacochymes ne sachant que faire de leur excès de temps libre.

Tuer pour tuer le temps, la belle occupation.

*

Un jour où règne un cessez-le-feu apparent, l'oiseau-pas-tranquille et moi-même partons en vadrouille au milieu des cades, des cistes et des romarins. Pour la circonstance, j'arbore un bandana multicolore, qui devrait en principe me prémunir contre tout risque de confusion avec la gent renardière, et toute notion de sécurité mise à part, je vous jure qu'il en jette ce bandana arc-en-ciel.

Heureuse précaution, car au détour d'un sentier, nous tombons truffe à nez avec deux hommes armés, dont le sourire faussement débonnaire ne nous abuse en rien. Nous savons très bien ce pour quoi ces types sont là, et de quoi ils sont capables.

Mon compagnon les salue avec une politesse contrainte, avant de leur faire part de son étonnement :

— Ôtez-moi d'un doute, messieurs, nous sommes bien lundi, n'est-ce pas, or le droit de chasser n'est-il pas limité aux trois derniers jours de la semaine ?

— Hé nong, rétorquent en chœur les deux ploucs, ça c'est juste au momeng de l'ouverture… après quoi, on a le droit tous les jours !

— Ah… dommage pour les promeneurs, alors.

— Bé oui, mais vous inquiétez pas, on fé enttention heing ! continue l'un… Oh mais dites donque ! il est rigolo le foulard de votre chieng, on le voit bieng hé !

— Vous voulez dire « ma chienne », fait l'oiseau-pointilleux, un brin irrité, eh bien c'est justement à cause de gens comme vous que je suis obligé de lui mettre ça autour du cou, sinon vous seriez capables de me la tirer comme un renard.

— Ah, mais nong… pas nous hé, pas nous !

— Vous peut-être pas… puisque vous le dites, je veux bien vous croire… mais comme d'un autre côté vous n'avez pas l'air de ne vous désaltérer qu'à l'eau minérale, on ne sait jamais… un mauvais coup est vite parti, vous ne croyez pas ?

Les deux porteurs de fusils se marrent bêtement, se demandant si c'est du lard de sanglier ou du cochon sauvage.

Mon maître enchaîne :

— En tout cas, si jamais un chasseur tire sur ma chienne et la tue, même par accident, soyez sûr que je le retrouverai et que je le tuerai moi-même.

Puis, sur un ton rendu plus désinvolte par la petite décharge d'adrénaline qui a précédé :

— Sur ce, bon après-midi messieurs ! Permettez-moi tout de même de ne pas vous souhaiter bonne chasse.

Et nous poursuivons notre chemin.

Je dois reconnaître que quand cet oiseau-là s'y met, il n'y va pas avec le dos de la louche. C'est un vrai gentil, mais un faux calme, pas du tout pacifique si on le pousse dans ses retranchements. Je suis d'ailleurs sûre qu'il pense profondément ce qu'il dit et qu'il serait capable de tuer par amour pour moi, par amour tout court.

Ces derniers temps, je l'ai vu absorbé dans un livre qui avait l'air de le passionner, et pour cause.

Sur la couverture, un nom : *Julius Winsome.* Si j'ai bien compris ce que mon oiseau m'en a raconté, c'est l'histoire d'un homme qui mène une existence paisible dans une cabane isolée, vers la frontière nord des États-Unis, et qui retrouve un jour son chien inexplicablement abattu à bout portant.

À partir de là, l'homme débonnaire se mue en serial killer, dégommant un à un tous les chasseurs du coin, seul moyen pour lui d'avoir la certitude absolue de ne pas rater l'assassin de son ami.

Je vous laisse imaginer quel phénomène d'identification il a pu y avoir entre ce Julius et mon compagnon, très remonté contre les prétendus régulateurs de la nature qui s'octroient sans vergogne le droit de tuer pour le plaisir.

Oui, j'ai bien dit *pour le plaisir*, car à notre époque et dans nos contrées, qui peut encore croire qu'on tue pour se nourrir ?

Ce que l'on est capable d'accomplir par amour ou par désespoir est équivalent, et l'addition des deux peut aboutir aux extrêmes les plus fous. Je ne mets donc pas en doute la parole de mon oiseau, qui si les circonstances l'y poussaient (ce que je ne souhaite pas, vous pensez bien) pourrait à la seconde se muer en Julius Winsome, et en meurtrier d'assassins.

Espérons ne jamais en arriver à ce genre d'extrémités. Quels que soient les mobiles invoqués, ils amèneraient fatalement mon oiseau à finir ses jours en cage.

Cela supposerait aussi que je ne sois plus de ce monde, or rassurez-vous, pour l'heure je suis bel et bien là.

Attaches

À quel phénomène mystérieux attribuer l'osmose qui nous lie si étroitement mes deux amis et moi ? Vous remarquerez que j'ai toujours du mal à dire *mes maîtres*, tant notre rapport est moins basé sur l'autorité que sur l'échange. Sur la confiance aussi.

Une confiance immédiate, accordée à la seconde où je les ai vus débarquer chez la fée Dany, ma marraine.

Alors que ma courte vie avait déjà été délibérément menacée par *l'homme*, comment pouvais-je encore concéder à ces deux individus surgis de nulle part un semblant de crédit ?

De quel recoin de mon cœur me vient cette foi irraisonnée qui ne m'a toujours pas quittée ? Une foi qui a bien failli me perdre, le jour où la main piégée d'un pêcheur s'est tendue vers moi, mais aussi une foi de survivante, qui m'a incitée à ne pas mordre par la suite les mains secourables.

Je sais pour l'avoir entendu dire que d'autres chiens, traumatisés par la cruauté des hommes, restent à jamais incapables d'éprouver le moindre sentiment de confiance en l'être humain, et sont devenus ce que l'on appelle communément des *chiens méchants.*

Quelque chose en eux s'est brisé, dont les morceaux s'avèrent impossibles à rassembler et à recoller.

Inexplicablement, mes *morceaux* à moi n'ont subi qu'un dommage relatif, et grâce à des soins constants doublés d'une surdose d'amour, je veux croire que mon petit puzzle intérieur ne s'est pas trop mal reconstitué.

À ceci près que l'équivalent d'une pichenette peut me déstabiliser, et tout remettre en cause d'une seconde à l'autre.

Environ un an après mon adoption, le couple qui gérait la SPA de mon île natale est en visite dans le sud de la France, et contacte l'un de mes papas afin de prendre de mes nouvelles. Ces braves gens dévoués manifestent le désir de me revoir, et c'est bien volontiers que leur demande est acceptée. Ils sont les bienvenus, et rendez-vous est pris à la maison, *ma* maison.

Dès leur arrivée, ces deux présences ressurgies du passé me tétanisent. Spontanément, leurs mains amies se tendent vers moi, mais je m'y dérobe par un mouvement de recul immédiat. Pas question de me laisser approcher, et à plus forte raison, d'accepter leurs caresses. Tout le temps que durera la visite, je me tiendrai à l'écart, recroquevillée, terrée et tétanisée dans mon lit, le nez dans les pattes. Qu'ils tentent à nouveau un geste dans ma direction, je l'esquive et, ce qui m'arrive rarement, je me surprends même à grogner.

La situation est d'autant plus embarrassante qu'ils ne m'ont jamais voulu ni fait que du bien, mais aussi braves et pleins de bonne volonté soient-ils, ils restent indissociablement liés à cette île damnée où pour rien au monde je ne veux retourner. Les revoir ici, chez moi, c'est comme si tout un univers reconstruit patiemment, jour après jour, pièce par pièce, basculait, s'effondrait.

Je perds l'équilibre.

Personne ne peut ressentir la peur qui m'étreint à ce moment-là. Tremblant comme une feuille, je ne parviendrai à me ressaisir que lorsqu'ils auront tourné les talons, que la porte se sera refermée sur eux, que le bruit de leur voiture aura laissé place à un silence rassurant, me confirmant qu'ils sont loin, hors d'état de nuire. De *me* nuire.

Je me sens injuste et ingrate envers eux, mais qu'y puis-je ?

En plus de la reconnaissance légitime que je leur dois, je leur demande, où qu'ils soient aujourd'hui, d'accepter mes excuses les plus plates, avec toutefois la conviction intime que si je devais les revoir un jour prochain, ma réaction serait très exactement la même.

Mille pardons.

À l'inverse, voyez ces chiens de clochards, maltraités plus souvent qu'à leur tour par un maître qui ne dessoûle pas. Regardez leurs yeux remplis d'amour pour l'épave humaine dont ils partagent l'existence à la dérive. Leur compagnon de misère peut bien avoir le vin mauvais et se venger sur eux d'avoir raté sa vie, ils ne se dérobent même pas aux coups qui tombent à l'improviste et restent d'une fidélité sans faille. Pas un instant l'idée ne les effleure de fausser compagnie au monstre qui les tabasse.

Innée et absurde, d'où nous vient donc cette attirance pour les humains, cette inclination à leur emboîter le pas, quitte à ce qu'ils se retournent pour nous lapider ?

*

Je ne souhaite à aucun de mes congénères d'endurer les mêmes épreuves que celles par lesquelles je suis passée, mais avec le recul, force est de constater que j'ai commencé par le pire, me réservant le meilleur pour après.

Je prends le premier exemple qui me vient : moi qui n'ai jamais eu de père, et n'ai bénéficié que peu de temps de la protection maternelle, me voilà à présent nantie de deux papas, dont je peux affirmer sans vouloir me faire mousser qu'ils sont fous de moi.

Gâteaux, gâteux, gagas, comme vous voudrez, mais surtout protecteurs, aimants et dévoués au possible. Depuis le premier instant du premier jour, ils ont été aux petits soins, au point de calquer leurs horaires sur les miens, de s'organiser à faire coïncider leur emploi du temps avec celui de mes repas et de mes promenades.

Peu de temps après être arrivée chez eux, qui devint vite *chez moi,* il ne m'a pas échappé que l'un et l'autre ne partageaient pas le même mode de vie.

L'un s'absente fréquemment. J'ai cru comprendre qu'il gagne son pain et ma pitance en allant chanter là où les gens ont besoin d'un peu de distraction pour agrémenter une existence pas toujours joyeuse. L'autre ne me quitte pratiquement jamais.

Que fait-il donc de ses dix doigts pour participer aux menus frais du quotidien ?

Il écrit, à ce qu'il paraît. Ah…

Chanter, je sais à peu près ce que c'est, puisque tout le monde, qu'on soit homme, chat, chien, mammifère ou volatile, produit des sons plus ou moins harmonieux qui peuvent s'apparenter au chant. Mais écrire ?…

En dehors de ses griffonnages éparpillés et brouillons dont j'ai déjà parlé, c'est vrai que je vois souvent l'oiseau-sédentaire installé dans la pièce qu'il appelle *son bureau,* à tapoter pendant des heures sur une machine plate qu'il ouvre comme un livre, mais pas dans le même sens. C'est donc cela, écrire.

Sur la pointe des pattes pour ne pas le déranger, je me faufile et m'installe à ses pieds, ou bien carrément sous sa chaise, au risque de me faire marcher dessus s'il bouge d'un quart de millimètre. Au tout début, son étourderie naturelle nous a valu à l'un comme à l'autre bon nombre de rappels à l'ordre sous forme de couinements aigus de ma part, sans que je change mes habitudes pour autant.

À lui de faire l'effort de s'adapter, et de garder en tête ma présence mitoyenne et imprudente. Aveuglément confiante en sa vigilance, je somnole tranquille, pour ne pas dire que je dors sur mes deux oreilles.

En général, il fait une pause à l'heure du thé, qui est aussi l'heure des friandises pour moi. J'adore le thé, vous pensez bien.

Ne comptez pas trop sur moi pour raconter comment, dans quel cadre et en quoi consistent les activités de l'oiseau-chanteur. Casanière comme je le suis devenue, et réfractaire à tout mouvement de foule, je n'ai jamais manifesté le désir de l'accompagner pour assister à ce qu'il appelle *galas* ou *concerts*. Pas saltimbanque pour deux sous, ni même pour deux euros, fussent-ils ceux qui servent à payer mes biscuits préférés, le vacarme, l'agitation et la cohue me font fuir.

Tout au plus ai-je été amenée à faire l'expérience des studios où, dans le calme relatif d'un lieu clos et en présence d'une équipe réduite au strict minimum, l'oiseau-porte-parole donne la vie à quelques chansonnettes concoctées par l'autre.

À la condition expresse que je promette de ne pas broncher, je suis même admise à pénétrer dans le bocal de verre où l'accouchement a lieu. Consciente de mon privilège et dc la solennité du moment, je me love alors tranquillement au pied métallique de ce qu'ils nomment le micro et je me laisse bercer par la voix familière en prenant garde de ne pas ronfler.

Voir le monde

« *There is no place like home* »… Vous vous souvenez de la phrase prononcée par Dorothy, l'héroïne du *Magicien d'Oz* accompagnée de son chien Toto, lorsqu'elle réalise, au bout d'un périple mouvementé dans un pays fabuleux, que TOUT est mieux chez soi ?

Sur ce point précis, je suis bien la dernière à lui donner tort, et pour avoir eu l'opportunité de regarder ce film plusieurs fois à grâce à mes compagnons, je vous avoue que c'est une histoire qui me parle, ne serait-ce que pour la présence d'un chien du début à la fin. Mais il y a plus encore : cette question posée du voyage, de l'évasion. Quitter sa maison, pour quelle raison, quel plaisir, sinon celui de pouvoir y revenir par la suite ?

Moi qui n'aime rien tant que mon existence ponctuée d'habitudes rassurantes, qui ne me sens à l'aise ni dans l'ambiance fébrile des gares, ni dans celle des aéroports, je dois au moins une fois par an accepter de me faire violence et de prendre sur moi, car figurez-vous qu'au milieu de chaque hiver, les deux oiseaux-frileux sont systématiquement saisis d'une irrésistible envie de migrer vers le soleil.

Ce désir-là me dépasse un peu, bien que j'admette n'avoir jamais apprécié le contact de la neige sous mes pattes, et moins encore de patauger dans l'atroce gadoue salée à laquelle on a droit dans Paris, au lendemain d'une première vision immaculée ; mais comme il est hors de question pour eux que je ne sois pas du voyage, je consens à sortir de mes repères, et bousculer mon petit train-train pour les suivre là où ils ont décidé d'aller se réchauffer.

Ainsi, tenez-vous bien, j'ai eu l'opportunité de me dégourdir les pattes à Miami (la mer n'est pas mon élément favori, aussi turquoise soit-elle, mais excusez quand même du peu), et je ne compte plus mes nombreux séjours en Californie.

Los Angeles et ses environs, pour commencer, sans oublier une petite ville plantée en plein désert, une sorte d'oasis civilisée où il me plairait assez d'habiter, car d'une part il y a moins de circulation et d'agitation que dans les grandes métropoles, et d'autre part, détail non négligeable pour une réfractaire à l'eau, il n'y pleut presque jamais.

Là-bas, vous pouvez vous balader plus de trois cents jours par an sans qu'une averse vous gâche la journée. Pas la plus petite flaque d'eau. Ni grésil, ni grêle, ni neige, ni verglas.

Le paradis.

Un paradis qui a ses limites cependant. Où que nous allions dans le cadre de nos vacances américaines, la question cruciale qui se pose à mes compagnons est la suivante : l'endroit où nous souhaitons séjourner est-il *dog-friendly* ? Traduisez : les chiens y sont-ils non seulement, tolérés, admis, mais considérés comme des amis bienvenus ? Je ne vous surprendrai pas en vous disant que cela complique la recherche du lieu de villégiature idéal, mais pour nous, la location d'une maison ou les réservations dans un hôtel ne se font qu'à cette condition expresse.

Ainsi, au cours des années passées, nous aurons eu droit à pas mal de *Sorry gentlemen, no dogs allowed !* aussi polis qu'inflexibles, qui nous ont fait tourner les talons illico. Curieusement, ce sont souvent les gérants de motels miteux ou de gargotes improbables qui se montrent les plus allergiques à ma présence, alors que sans vouloir faire ma crâneuse, j'ai quand même eu le bonheur d'être accueillie à plusieurs reprises dans les murs du prestigieux Chateau Marmont avec une courtoisie exemplaire.

Décor de carton-pâte prétendument français au milieu d'un écrin de verdure luxuriante, faux château où l'on rencontre une véritable élégance, ni distante ni hautaine ; à l'américaine, assez discrète et désinvolte pour vous mettre immédiatement à l'aise. À la réflexion, je me dis que nombre de palaces pompeux et faussement chics, ici ou ailleurs, pourraient en prendre de la graine.

Malgré ma réticence à voyager, je reconnais apprécier nos séjours annuels en Californie, au point qu'à force de tendre l'oreille, j'ai même fini par y apprendre quelques rudiments d'anglais, saisissant au passage les commentaires des gens du coin qui s'étonnent de voir un coyote apprivoisé en pleine ville. Un coyote, moi ?

À vrai dire, cela m'amuse plutôt et me change de la comparaison avec les renards.

Pas radicalement, dans la mesure où les coyotes sont un peu comme de lointains cousins, eux aussi considérés comme une sale race, des sauvages, des voleurs de poules, et j'en passe.

D'un côté, on les magnifie comme c'était l'usage chez les premiers occupants de cette région, les Indiens, et l'artisanat local en fait encore ses choux gras à travers des peintures et des sculptures destinées aux touristes ; mais qu'un autochtone en aperçoive un rôder à proximité de son habitation, et il le tire comme un lapin.

Fort heureusement pour moi, impossible de me confondre tout à fait avec ces parias aussi honnis que vénérés, car je ne me promène jamais seule, et ma laisse atteste bien de mon appartenance à la gent canine.

À Paris, il arrive que des passants en mal d'imagination me comparent à un berger allemand miniature, ce qui n'a ni queue ni tête, même si je n'éprouve a priori aucune antipathie pour ces canidés majestueux.

*

Croiser des résidents francophones à Los Angeles est plus fréquent qu'on peut le penser, mais c'est exactement l'inverse de ce que cherchent mes oiseaux à moi, en quête de dépaysement, de déconnexion et d'immersion intégrale dans l'anglophonie.

Foin des restaurants franchouillards, pseudo-parisiens ou même provençaux, disséminés çà et là comme autant de points d'eau pour exilés nostalgiques. Ce genre d'endroits les fait fuir, tout comme la présence des touristes hexagonaux en goguette sur Hollywood Boulevard, qui les incite à éviter ce quartier dénaturé.

Aussi ne sont-ils pas immédiatement aux anges, lorsqu'un après-midi nous sommes abordés par deux jeunes femmes, françaises a priori, à la sortie d'une boutique pour chiens où ils viennent de se ruiner à seule fin de me faire plaisir.

Encore des fans ! entends-je penser mes compagnons, soudain contrariés et sur la défensive, déjà sur le point de passer leur chemin et de filer à l'anglaise.

Des fans ? Pas faux… mais à titre exceptionnel, excusez du peu, des fans de *moi.*

Eh oui, cela vous épate sans doute mais c'est la pure vérité.

Lors de mon adoption et des remous médiatiques soulevés par l'affaire des chiens-appâts, j'ai eu l'opportunité de passer deux-trois fois à la télé. Sans vouloir me faire mousser, il faut croire que ma physionomie n'est pas si banale et que ma petite gueule d'amour accroche bien la lumière, puisque à plusieurs années de distance, on me reconnaît encore. Un brin de vanité ne fait de mal à personne de temps à autre, pas vrai ?

En plus, s'il est des rencontres de hasard que l'on bénit par la suite, celle-ci en fait partie.

De ces deux jeunes femmes, l'une est hôtesse de l'air, et m'avait vue dans une émission animalière sur TV5 Monde (TV5 Moooonde, vous réalisez !), l'autre est d'origine belge, et résidente à L.A.

Toutes deux acquises à la cause animale en général, et à celle des animaux martyrs en particulier, elles me regardent avec tant de sympathie que je me laisse approcher et caresser sans faire preuve de mon habituelle réserve. Apprivoisée.

S'ensuit un échange sur la monstruosité des méthodes de pêche utilisées dans mon île natale, et patati et patata, puis la conversation débouche tout naturellement sur mon adaptation à ma nouvelle vie, et notamment aux voyages en avion.

En effet, le seul hic majeur de nos migrations hivernales aux États-Unis reste l'obligation pour moi de faire le voyage dans la soute. À l'aller comme au retour, mon passage par la « cage-départ » est une telle épreuve que mes oiseaux envisagent avec le plus grand sérieux de se priver à l'avenir de vacances en Californie.

Décision prise à regret cela va sans dire, mais ne suis-je pas devenue leur priorité absolue ?

Et voilà qu'une solution inespérée s'offre à nous, comme tombée du ciel, si vous me passez l'expression.

— Comment ça, en soute ? s'étonne la Belge, renseignez-vous, car vous avez parfaitement le droit de voyager avec Chance en cabine !

Mes oiseaux de répliquer incrédules, et vaguement agacés :

— Enfin, vous n'êtes pas sérieuse ! Vous savez bien qu'au-delà de sept kilos, c'est rigoureusement impossible, et Chance en fait environ douze... On ne va tout de même pas l'affamer pour qu'elle entre dans les normes acceptables !

— Pas besoin, répond la très flegmatique belgo-californienne, j'ai moi-même un labrador qui fait toujours le voyage en cabine, à mes pieds. La seule chose dont vous ayez besoin est un certificat médical rédigé par un bon psychiatre.

— ???... Vous voulez dire un psychiatre pour chien ?

— Non, pas du tout, un psychiatre pour humains, qui vous délivre un papier stipulant que pour des raisons de santé mentale, vous ne pouvez absolument pas envisager de vous séparer de votre chien, de devoir l'enfermer dans une cage... que cela vous provoque des *panic attacks*... comment dit-on en français déjà... des crises de panique, préjudiciables à votre équilibre, voire dangereuses.

— Mais c'est exactement ça ! répond l'oiseau-soucieux, soudain exalté. Pas moins de vingt-quatre heures avant chaque départ, je me sens physiquement et psychiquement malade, alors que je n'ai jamais eu peur de prendre l'avion. Une fois installé à bord, obsédé pendant toute la durée du vol par la détresse de notre chienne emprisonnée, je reste incapable d'avaler quoi que ce soit, solide ou liquide.

— Nous parlons donc bien le même langage... Ce certificat donnerait à votre chienne un statut officiel appelé ici *emotional support animal,* qui est reconnu en Belgique au même titre que les chiens d'aveugle… Reste à savoir si dans ce domaine la France est alignée ou non sur d'autres pays. Renseignez-vous… ça vaut la peine, non ?

Ça la valait, et ce qui fut dit fut fait auprès du psy qu'il fallait.

L'hyperémotivité étant reconnue comme un véritable handicap, me voilà à présent *emotional support animal*, indispensable à l'équilibre de mes inséparables. L'horrible cage dans laquelle j'ai fait auparavant un certain nombre d'allers-retours éprouvants a été balancée aux orties, et je voyage aux pieds de mes papas. Sans bouger ni broncher durant les douze heures que dure le trajet, je tiens à le préciser.

N'est-ce d'ailleurs pas un chouia réducteur de cantonner ceux que j'appelle mes papas à cet unique rôle, alors qu'ils représentent beaucoup plus pour moi ?

À eux seuls, ils sont toute une famille, la seule que je possède : mes frères, mes copains, ma mère, mes enfants. Tout.

Je ne garde une place à part que pour ma marraine, la fée Dany, sans qui je ne serais pas là aujourd'hui pour vous raconter mon histoire.

Mon nom n'aurait pas été *Chance*, mais *Malchance*, morte de maladie, torturée, noyée, ou tout simplement morte de faim et de chagrin dans mon île.

Lorsque au hasard d'une rêverie éveillée il m'arrive de me retourner sur mon parcours, je me dis que les circonstances ont organisé un drôle de concours dont je suis sortie gagnante. Improbable victoire sur les malédictions de la vie.

*

Par bonheur, ma bonne fée ne réside pas très loin de chez nous en Provence, ce qui me donne l'opportunité de lui rendre visite plusieurs fois par an dans son domaine des Alpilles.

Un paradis terrestre.

Pour vous en donner une petite idée, imaginez une espèce d'immense arche de Noé ancrée sur la terre ferme, où elle peut recueillir quantité d'animaux de toutes sortes, ânes, chèvres, poules, canards, chats, chiens, j'en passe. Sans oublier les laissés-pour-compte, ceux dont personne ne veut : les éclopés, les pelés, les borgnes, les aveugles, les sans-dents, pas forcément jolis à voir, et les demi-fous atteints de maladies comportementales ou ceux qui sont trop vieux. Bref, les *inadoptables* trouvent là un refuge et une vraie famille d'accueil, définitive.

La fée sait-elle à quel point je lui suis reconnaissante de m'avoir proposée aux deux oiseaux avec lesquels je forme depuis plusieurs années un inséparable trio ? Je l'espère.

Une autre question traverse parfois mes réflexions : mes oiseaux auraient-ils voulu de moi si j'avais été laide et plus estropiée encore que je ne le suis ? Je veux le croire, puisque, ne l'oubliez jamais, *l'essentiel est invisible pour les yeux.*

Oui, je sais, j'insiste un peu beaucoup là-dessus, mais c'est dû à ma nature obstinée. Lorsque j'ai une idée fixe, je ne lâche pas le morceau : j'y reviens.

Je ne vous ferai pas l'injure de vous demander si vous connaissez le nom d'Antoine de Saint-Exupéry. La réponse est oui, évidemment. En voilà un qui en connaissait un rayon sur les rapports entre humains et animaux, et vice-versa. Souvenez-vous en particulier de la façon dont le Renard demande au Petit Prince de l'apprivoiser, de créer ce lien entre eux :

« Si tu m'apprivoises, nous aurons besoin l'un de l'autre. Tu seras pour moi unique au monde, je serai pour toi unique au monde… Je connaîtrai un bruit de pas qui sera différent de tous les autres… »

Ça vous parle ? Tant mieux. Tout est là.

Le destin n'a pas toujours été tendre avec moi, mais je dois reconnaître qu'il s'est bien rattrapé. Facétieux, il va même jusqu'à me faire des clins d'œil.

Me croirez-vous si je vous confie qu'aujourd'hui, après maints déménagements, nous habitons mes inséparables et moi dans l'immeuble même où vécut ce fameux Saint-Exupéry que j'évoquais à l'instant ? Au cas où vous penseriez que j'exagère ou que j'affabule, sachez que juste en bas de chez nous, une plaque tout ce qu'il y a d'officiel est là pour le prouver.

Reconnaissez que pour une chienne sauvage aux allures de renard, ce n'est pas une coïncidence anodine.

*

Les inséparables m'ont aussi emmenée vers d'autres destinations beaucoup moins lointaines et moins compliquées d'accès que la Californie. Ainsi, chaque année, je les suis à Ramatuelle, dans un petit hôtel du bord de mer qu'ils affectionnent particulièrement parce qu'il est constitué de bungalows donnant directement sur la plage. Hors saison, un rêve absolu pour eux, avec un léger bémol pour moi. Le sable désert à perte de vue, les vagues, tout ça... je ne vais pas vous faire un dessin, vous m'avez comprise. Enfin, bon, au cas où ce panorama me renverrait à des souvenirs douloureux, mes hommes de compagnie sont là pour veiller sur moi, ce qui change tout.

Tout ? Enfin, pas exactement. Nos premières promenades en liberté le long de cette plage ne furent de tout repos ni pour eux ni pour moi.

D'une part, malgré leur insistance, je refusais de marcher à leur côté. Poser mes pattes et ma phalange estropiée sur le sable inégal plein de creux et de bosses s'avérait inconfortable, et avancer sur la frange de sable mouillé léché par les vagues me semblait périlleux.

D'autre part, l'alignement des restaurants fermés, baraques de planches et autres paillotes, me renvoyait directement à un décor qui ne m'était que trop familier, et à ma quête vitale de nourriture. Même gâtée comme je l'étais déjà, l'attraction restait irrésistible, et en l'absence d'une laisse pour me retenir, je cavalais ventre à terre vers ce mirage d'anciens festins.

Déjà plusieurs dizaines de mètres me séparaient des deux oiseaux pris de court par une fugue qu'ils n'avaient pas anticipée, et ils avaient beau s'égosiller l'un comme l'autre, un vent contraire emportait leurs voix vers le large. De toute façon, il n'est pire sourd que celui (ou celle) qui ne veut pas entendre, et je traçais ma route en direction de mon graal du moment : les poubelles. Containers vides, mais recelant encore pour un odorat exercé comme le mien les relents évocateurs de ce qui les avait remplis.

À bout de souffle d'avoir hurlé mon nom et crapahuté dans un sable traître qui s'enfonçait sous leurs pas, les oiseaux finirent par me rattraper, et me ramener sinon à la raison, au moins à la maison. De retour à l'hôtel, à en juger par l'expression de soulagement sur leurs visages un brin congestionnés, je me rendis compte un peu tard qu'ils avaient eu chaud dans les deux sens du terme.

Désolée. C'était plus fort que moi.

Ramatuelle, nous y sommes retournés maintes fois depuis, sans accroc. Après mes toutes premières escapades incontrôlée, j'ai appris à tenir à distance mes vieux démons, plus tentée du tout de fausser compagnie aux deux oiseaux que j'aime tant.

Saint-Tropez, Porto-Vecchio, Cap-Ferret, Amsterdam, Venise, des lieux qui n'ont ajourd'hui presque plus de secrets pour moi. J'ai vu, arpenté, flairé tous ces endroits et les ai appréciés.

Que d'eau, que d'eau, me direz-vous, mais puisque personne ne me force à m'y tremper fût-ce le bout des pattes, et moins encore à y nager, je m'en accommode sans sourciller.

Mes deux amours ont même poussé le bouchon un peu loin en m'embarquant en bateau de plaisance pour des virées en mer. Si, si, je vous jure, ils ont osé !

Je ne vous surprendrai pas en vous confirmant que ce n'est toujours pas mon élément ni ma conception du bien-être absolu, mais j'ai pu constater (et eux aussi par la même occasion) que rien n'entamait ma confiance en eux. À aucun moment je n'ai cédé à la panique. Tant que je peux rester blottie entre leurs jambes ou dans leurs bras, quoi qu'il arrive, ma vie est belle.

Goûts et dégoûts

Des hic ici et là, il y en a toujours, mais n'en déplaise aux grincheux, aux jaloux et autres cynophobes, nous formons un trio parfait. Entente cordiale sans fausse note.

L'un de vos penseurs célèbres, un certain Jean-Paul atteint de strabisme, n'avait pas une vision si déformée ou erronée que cela des rapports humains en affirmant que « l'enfer, c'est les autres ». J'ai pu le vérifier mille fois : les désagréments viennent toujours d'ailleurs.

Prenez par exemple les femmes de ménage : que ce soit dans l'appartement de Paris ou dans la maison de campagne, impossible d'échapper à ces créatures que j'ai le déplaisir de voir débarquer trois fois par semaine. Sans vergogne, elles investissent pour plusieurs heures *mon* territoire, munies d'une effroyable artillerie, et comme saisies d'une frénésie de nettoyage, de dépoussiérage, de désinfection et d'asepsie. Tout y passe : bombe de ceci, spray de cela, détergents ammoniaqués ou javellisés, balais, balayettes, serpillières, chiffons, et surtout, arme haïssable entre toutes, l'aspirateur !

Passe encore pour les produits suffocants dont l'odeur artificielle est supposée sentir le propre, mais le vacarme de cet engin de malheur me fait littéralement sortir de mes gonds. Il me rend folle, à me narguer de ses va-et-vient infernaux. Du coup, je lui aboie dessus, ce qui ne semble pas l'émouvoir le moins du monde, et ne m'énerve que davantage.

Pour un peu, je me laisserais aller à mordre ses parties les plus exposées, et il n'en faudrait pas beaucoup plus pour que je m'en prenne aux mollets de celle qui est en train de l'utiliser.

Et d'abord, qu'est-ce que ces femmes espèrent aspirer à l'aide de cette machine du diable ? Quelques touffes de poils, tout au plus. De *mes* poils bien sûr, comme se plaisent à le souligner mes oiseaux, en espérant que cet argument me pousse à plus de tolérance envers leurs employées de maison.

Bon… qu'elles aspirent donc, même si je n'aspire, moi, qu'à la tranquillité.

Prendre sur soi, relativiser, un exercice auquel, malgré les années, je n'excelle pas encore, même en sachant qu'après ces maudites heures de ménage, une fois la porte refermée sur les talons de ces maniaques du chiffon, je redeviendrai la reine de mon domaine. Allons, restons modeste, disons *princesse,* c'est déjà bien.

*

Ne quittons pas le chapitre des petits désagréments qui nuisent au bonheur parfait.

Vous voulez vraiment me faire plaisir ? Je veux dire, *vraiment* ?

Rien de plus simple : ce périple en voiture que vous aviez prévu de faire en ma compagnie, et qui devait traverser des reliefs pittoresques et spectaculaires, en empruntant de petites routes en lacets, oubliez-le, je vous en supplie.

Au bout de trois ronds-points, je me sens déjà patraque, alors vous pensez si ces itinéraires en zigzag me conviennent ! Merci, sans façon.

Voyager dans le confort d'un TGV, encadrée par mes oiseaux, voilà qui me va mieux. Passé l'inévitable agitation de la gare, ce mode transport sans heurts et sur des voies quasi rectilignes est sécurisant au possible. C'est quand ils veulent. J'adore.

Autre chose encore.

Vous aimez les feux d'artifice, vous ? Pas moi. Les pétards et les coups de feu non plus.

Je suis incapable de vous dire pourquoi, ni à quoi ces bruits me renvoient, terrorisée.

Une certitude cependant : c'est moins l'intensité du bruit que sa nature même.

Par exemple, le passage à basse altitude d'un avion militaire a beau occasionner un vacarme assourdissant, cela ne me fait strictement ni chaud ni froid.

À l'inverse, qu'un petit pétard du 14 Juillet explose dans le village voisin, et je rampe aussitôt au ras du sol comme sous un bombardement. Allez comprendre.

En anglais, ils ont un mot pour ça : *gun shy*. Eh bien voilà, je suis *gun shy*, et c'est bien de le savoir.

Ça existe, c'est répertorié, reconnu. Nommer les peurs dans l'espoir de mieux les circonvenir. On n'en est pas guéri pour autant, mais on se sent moins atteint, moins stupide de sur-réagir à des bruits considérés par d'autres comme inoffensifs et innocents.

Inoffensifs ? Innocents ? Laissez-moi garder mes doutes là-dessus.

On ne m'enlèvera pas de l'esprit que dans ces manifestations festives, pétards ou feux d'artifice, subsiste une intention agressive et guerrière destinée à semer l'effroi.

Manifestants, casseurs ou chasseurs, les hommes prétendument civilisés ne se lassent toujours pas de jouer au petit soldat. Dans leurs slogans débiles, on trouve en vrac, comme au fond d'une poubelle, un fatras d'idées pourries où rien n'est recyclable : haine aveugle, comportements régressifs, appels à la violence et au vandalisme.

Temps de chien

Au fil des années, je suis obligée d'admettre que l'extrémité de mon museau, d'un noir à uniforme à l'origine, a pris deux-trois poils blancs. Est-ce une raison suffisante pour que des quidams croisés dans la rue s'arrogent le droit de lancer à l'intention de mes deux oiseaux des inepties du genre :

— Ah mais dites donc, il est plus tout jeune, vot' chien… quel âge a-t-il ?

Esprits gaffeurs ou malintentionnés ? Non mais de quoi je me mêle !

Cela n'arrive pas très fréquemment et c'est tant mieux, car à chaque fois, je sens poindre chez mes oiseaux un agacement qui pourrait dégénérer en bouillonnement de colère face à une manifestation de bêtise, malveillante sans le savoir.

Difficile de faire plus stupide que certains humains, dont l'imbécillité semble ne pas avoir de bornes. Regardez et écoutez autour de vous, et vous n'aurez aucune peine à en trouver des preuves irréfutables.

Voyez-les, ces humanoïdes dénués de discernement, parlant à tort à travers et agissant de même, bêtes à manger du foin quand ils ne sont pas bêtes et méchants.

Par parenthèse, j'aimerais bien qu'on cesse d'employer l'expression « nos amies les bêtes », désobligeante au possible, tant la connotation est péjorative.

Dites plutôt : *animaux*. Encore que… n'entend-on pas fréquemment des gens déclarer des choses du genre : « il s'est comporté comme un animal », sous-entendu aussi mal qu'un animal ou de façon aussi bestiale. Et encore : « nous avons été traités comme des animaux. Ils l'ont abattu comme un animal ». Donc, sans respect.

Pas très valorisant pour nous, reconnaissez-le. Il reste encore du chemin à faire, mais refermons cette parenthèse qui nous entraînerait trop loin.

Je disais donc que la confrontation au temps qui passe (et nous dépasse) n'est jamais joyeuse, et je sais à quel point cela attriste mes inséparables de savoir mon espérance de vie très inférieure à celle d'un humain.

À supposer que je commence à faire mon âge (ce dont je doute, car dans ma tête j'ai en même temps mille ans et dix-huit mois à tout casser), quel amoureux de son animal de compagnie pourrait accepter de gaieté de cœur un constat établi au pif par n'importe quel abruti s'autorisant à parler avant de penser ?

Aurait-on idée de formuler de telles remarques à l'encontre d'un bonhomme décati ou d'une mémère dont la date de péremption est visiblement dépassée depuis des lustres ? D'une façon générale, cela ne se fait pas entre humains, sauf s'il y a volonté délibérée de blesser.

Par ailleurs, l'avez-vous remarqué ? Jamais un enfant ou un adolescent ne s'exprime en termes d'âge à propos d'un animal. Preuve qu'on est bien là en présence d'un esprit blet dans une peau fripée, d'un vieux schnock, ou d'une vieille carne.

À cela, on peut réagir par une repartie qui renvoie l'importun dans les cordes, en lui faisant remarquer que lui non plus n'est pas exactement un poulet de l'année.

Autre possibilité, dictée par la sagesse : le mépris silencieux.

Dans les cas où l'on se sent vraiment très remonté, je vous signale au passage la méthode préconisée par l'un de vos congénères, humoriste et libre-penseur, le regretté Pierre Desproges. J'insiste sur le terme *regretté*, car cela ne m'aurait pas déplu de rencontrer cet être-là, capable de balancer des phrases lapidaires du genre : « Plus je connais les hommes, plus j'aime mon chien. » Un homme comme je les aime, qui a malheureusement quitté ce bas monde bien des années avant que j'y vienne.

Contre la bêtise galopante, son système de défense était le suivant : au quidam qui vous sort une réflexion mêlant maladresse et malveillance – en l'occurrence sur votre âge avancé –, tacler le balourd ou la gourde en lui rétorquant aussi sec, sur un ton affectant la désinvolture :

— Et ta connerie, elle est toute jeune ?

Rigolo, soit, mais difficile d'emploi, et trop manifestement agressif, même si ça démange parfois de tacler un imbécile.

Oublions.

De mon point de vue, l'âge et l'aspect physique des êtres n'ont qu'une importance très relative, pour ne pas dire aucune, et je me fous du nombre d'années que mes inséparables ont au compteur.

Suis-je moins empressée à leur faire des câlins lorsqu'ils ont les traits tirés, une mine de papier mâché, un rhume qui les défigure ou un bouton sur le nez ? Quelle importance si le temps qui passe rend leurs cheveux plus clairsemés, plus grisonnants, plus blancs, et leur démarche moins alerte.

Pas beaux, moins beaux, quelle blague ! L'amour, le vrai, le mien, ne tient aucun compte de ces détails-là. Seuls les humains y attachent une importance démesurée.

Je me suis laissé dire que lorsque *Lulu la belle* approchait de la fin et qu'elle traînait la patte en déambulant dans la rue auprès de ses inséparables, des passants atteints de crétinerie aiguë se trouvaient régulièrement sur leur chemin pour commenter sa démarche claudicante et son pelage grisonnant. *Gnagnagna*... Au secours, Desproges !

Les imbéciles feraient mieux de tourner sept fois leur langue dans leur bouche avant de l'ouvrir et d'émettre leurs borborygmes ineptes.

De deux choses l'une : soit le maître ne *veut* pas voir cette réalité qui le confronte à la perspective de la mort prochaine de son compagnon, et ce n'est pas à vous de le dessiller, soit il n'en est que trop conscient, et lui enfoncer ce clou-là dans le cœur est à la fois cruel et superflu.

Dans les deux cas, un seul conseil : bouclez-la.

Ou alors montrez-vous aimables, dites-lui que son chien ou sa chienne est joli(e), et s'il vous répond qu'il ou elle commence à se faire vieux ou vieille, prenez l'air surpris, et demandez son âge. À quoi vous réagirez en feignant l'incrédulité :

— Ah bon ? vraiment ? Je n'aurais pas cru… on dirait un bébé !

N'ayez pas peur d'exagérer un poil. Cela s'appelle un pieux mensonge, et même si personne n'est dupe, pas même moi, ça fait toujours plaisir, et tout le monde repart de meilleure humeur.

Pour conclure, je peux résumer le fond de ma pensée en reprenant la déclaration du Renard au Petit Prince :

— On ne voit bien qu'avec le cœur. L'essentiel est invisible pour les yeux.

Rien ne pourrait me parler mieux que ces deux courtes phrases qui disent tout.

Les vrais aveugles ne sont pas ceux que l'on croit.

Du mouron pour mes oiseaux

À choisir, vous préférez quoi ?

Comme certains salauds évoqués plus haut, n'avoir ni cœur ni âme, et avancer dans l'existence, armé contre toute émotion, ou bien posséder un cœur programmé pour battre et pour aimer, et vous trouver alors confronté aux problèmes générés par un organe délicat, hypersensible ?

Attention à ce que vous répondez, c'est à vos risques et périls.

D'accord, un cœur peut vous donner accès à des joies incomparables, mais l'éventualité de la souffrance n'est jamais à écarter, et vous devez l'accepter, sinon ce ne serait pas du jeu.

Vouloir le beurre et l'argent du beurre, comme vous dites.

Je ne sais pas ce qu'il en est pour vous, mais personnellement, mon choix a été vite fait, et ça n'a pas raté. Au cours d'un check-up de routine effectué chez mon véto attitré, le brave homme détecte en m'auscultant une anomalie a priori bénigne : un léger souffle au cœur.

Il a dit *léger*. Pas grave donc, mais à surveiller.

Surveillée, je le suis, croyez-le. Bichonnée, dorlotée, objet d'attentions et de soins constants, ce qui n'a pas empêché qu'au fil des années les signes d'une déficience cardiaque évidente aient fini par apparaître, sporadiquement d'abord, puis de façon plus régulière.

Toutes sortes de stress peuvent provoquer une accélération cardiaque à l'origine de crises. Souvent générées par la peur mais pas forcément. Ainsi ai-je commencé à être prise de spasmes doublés d'une toux caverneuse à l'heure du réveil matinal où je manifestais tout bêtement ma joie de vivre à mes compagnons ; ou encore dans l'euphorie de les retrouver au retour d'une courte absence, ou d'un dîner en ville auquel ils n'avaient pu m'emmener.

Stress positif, mais stress tout de même.

Je vous laisse imaginer l'inquiétude des inséparables à l'apparition de mes premières quintes. La toux qui me secoue les ramène illico aux tout premiers temps où l'ombre de la mort planait sur moi.

Symptôme de sinistre mémoire, panique à bord. Puis, passé les premiers instants d'interrogation et d'hébétude, nouveau branle-bas de combat. Je peux témoigner du fait qu'ils ne sont pas restés longtemps bras ballants ou à tourner en rond à se demander *que faire ?*

Aussitôt sur le pied de guerre, ils se sont mis en devoir de remuer ciel et terre pour dénicher *le* ou *la* spécialiste à même de se pencher sur mon cas, et par bonheur, ils ont mis la main sur la plus éminente cardiologue de l'Hexagone, rien de moins.

Diagnostic : c'était bel et bien mon cœur qui faisait des siennes.

Pronostic : optimiste, puisque heureusement, il existe aujourd'hui toute une batterie de médicaments d'une grande efficacité pour soigner ce type d'affection.

Au final, cette chaude alerte a débouché sur une contrainte quotidienne, transformée en un rituel agréable : un assortiment de pilules que j'avale sans broncher comme autant de friandises supplémentaires.

Dans un parcours semé d'embûches, me voilà une fois encore, sinon hors de danger, au moins tirée d'affaire.

Ouf.

Youpi.

Mais il serait fou de crier victoire en grimpant aux rideaux. Qui sait si des menaces invisibles ne nous guettent pas, tapies dans l'ombre et prêtes à fondre sur leur proie.

L'ennemi est rarement embusqué là où on l'attend, et il vous prend par surprise avant que vous l'ayez vu venir. Prudence.

À preuve, depuis quelque temps, l'un des deux inséparables se sentait inexplicablement patraque.

Il ne s'agissait pas de l'oiseau-scribouillard-sédentaire, mais de l'hyperactif, celui qui chante, cavalant ici et là pour faire don de sa personne à ces rassemblements d'inconnus qu'il appelle *le public*. Voilà qui est sans doute admirable, et bien que je m'avoue incapable d'apprécier, je n'y vois pas d'inconvénient particulier. À condition qu'il n'y laisse pas sa santé.

Que son gagne-pain nous prive régulièrement de sa présence, l'oiseau-gratte-papier et moi en avons pris l'habitude et nous pouvons nous en accommoder. Nous menons notre petite vie peinarde pendant que lui poursuit son existence trépidante, et le connaissant comme nous le connaissons, nous savons qu'en exhibitionniste pudique, il ne montrera jamais à ce fameux *public* à quel point il n'en peut plus.

Encore faut-il savoir préserver l'essentiel de sa personne pour ses proches, dont moi.

Or, de retour au nid, il était comme lessivé, ne récupérant plus qu'à grand-peine.

Je le voyais essoufflé au moindre effort. Vanné pour un rien.

C'est juste un peu de fatigue, accentuée par l'usure liée à l'âge, pensa-t-il d'abord. Après tout, je n'ai plus vingt ans, ni trente, ni même quarante, et j'ai beau assumer ma soixantaine bien sonnée, peut-être ai-je tendance à me voir dans le miroir flatteur que me tendent les autres.

— Quel âge avez-vous dit ? Ce n'est pas possible !

— Mais si, mais si, ma bonne dame.

— Soixante-six ? ! Allons donc !

— Eh oui, rétorquait-il, mi-flatté mi-résigné.

— On ne vous les donne pas !

— Vous êtes bien aimable, mais je les ai.

— Et vous n'avez rien fait, enfin je veux dire... (sous-entendu, pas de liftings, d'injections, ou autre chose de ce genre.)

— Non.

— Eh bien bravo alors !

Vertige des années qui passent, mine de rien. Avantage de ne pas faire son âge.

N'empêche, même sans trop s'écouter, il sentait bien que quelque chose était déglingué à l'intérieur, mais quoi ? À l'évidence, sous une carlingue qui sauvait les apparences, la machine accusait des signes de fatigue. Restait à déterminer quelle était la pièce défectueuse ou usagée.

Sans qu'il s'en doute, il y avait urgence.

*

Un petit bilan de santé s'imposait, et il accepta bon gré mal gré de prendre rendez-vous chez l'un de ces vétérinaires pour humains que vous appelez *médecins*.

Une femme, en l'occurrence, et le croirez-vous, cardiologue, exactement comme pour moi.

Le cœur de l'oiseau-chanteur avait-il des ratés, des palpitations irrégulières, trop lentes ou trop rapides ?

Si tel était le cas, j'étais bien placée pour savoir que ça se soigne, et voulais croire qu'en avalant quotidiennement deux trois pilules *miracles*, mon compagnon allait comme moi retrouver son entrain, et gambader à nouveau, l'œil vif, le pelage brillant et la truffe toute fraîche.

Oups… pardonnez-moi de m'être laissée aller à des métaphores un poil trop canines.

Enfin, vous m'aurez comprise. Mais tout à fait entre nous, voulez-vous que je vous donne mon vrai sentiment sur la situation telle que je la flairais ?

C'était grave.

*

L'oiseau-chanteur est tombé du lit de bon matin. Il s'est douché puis habillé à la hâte, n'a même pas pris la peine d'allumer la machine à expresso, ni de sortir un yaourt du frigo.

Du coup, rien à lécher pour moi.

Déjà engouffré dans l'entrebâillement de la porte d'entrée, il vient d'appuyer sur le bouton d'appel de l'ascenseur, et se retourne pour lancer à son compagnon émergeant à grand-peine d'un sommeil interrompu trop tôt :

— À tout à l'heure. Je t'appelle pour te tenir au courant dès que j'ai des nouvelles. Au pire, ils me gardent une demi-journée, le temps de passer tous les examens nécessaires, radios, scanners, etc. Je prends quand même une brosse à dents et un bouquin, on ne sait jamais.

— D'accord, à plus tard, lui répond une voix lasse.

La porte se referme, alors que les yeux de l'oiseau-zombie ne sont encore ouverts qu'à demi.

Un café le tire bientôt de sa torpeur, suivi d'un yaourt dont je lèche le fond. Rituel réduit de moitié.

Première promenade de la journée, dans la rue ensoleillée qui sent presque l'été. Un simple tour de pâté de maisons, avant la remontée vers l'appartement où rarement une absence aura été plus présente. Il y flotte une désagréable sensation de vide.

Dans l'entrée, un détail qui chiffonne, comme une erreur, un désordre : un livre de poche traîne là, oublié. Celui que l'oiseau-chanteur avait prévu d'emporter pour patienter entre prises de tension, échographies, bilans sanguins et autres joyeusetés.

Sur la jaquette un titre : *C'est ici que l'on se quitte.*

Je vous épargne le numéro de la chienne savante qui sait lire.

Pas besoin. Je décrypte, j'analyse, je ressens, vous pigez ?

Un simple livre de poche. Un titre qui ressemble à un mauvais présage.

L'inséparable séparé doit s'asseoir un instant pour accuser le coup, avant de se ressaisir.

*

Le déroulement capricieux du temps s'amuse-t-il à vous narguer et à vous jouer de sales tours comme à moi ? Ce matin-là, c'est insupportable : chaque seconde dure une semaine, les heures s'étirent à n'en plus finir, rien n'avance. Un mauvais hiver en plein mois de juin. Terrible.

Finalement, à la mi-journée, après une poignée d'heures interminables, sonnerie de téléphone, lequel est décroché d'une main fébrile. Au bout de la ligne, ce ne peut être que l'oiseau-chanteur. Pressentiment confirmé.

Sans bien discerner les propos tenus de l'autre côté, je comprends à demi-mot que mon instinct ne m'avait pas trompée. C'est sérieux.

Il a eu raison d'emporter sa brosse à dents, car les vétos pour humains viennent de l'en informer : pas question de le relâcher aujourd'hui dans la nature. Ils le gardent et n'ont pas l'intention de le libérer de sitôt.

Constat : ce n'est pas tant son cœur qui est en mauvais état, mais la tuyauterie à laquelle il est relié qui laisse à désirer et requiert d'être rafistolée ici et là. Un gros travail qui nécessite – cramponnez-vous bien si vous n'êtes ni chirurgien ni boucher – l'ouverture de la cage thoracique dans le sens de la longueur.

On coupe, on découpe, on enlève, on répare, on raboute, on referme, on recoud.

Entre cette violence-là et une mort quasi imminente, il n'y a pas à tergiverser.

La décision est prise.

Les semaines qui vont suivre accusent un net changement de nos habitudes, et l'oiseau-de-garde a beau déployer tous les efforts imaginables, se montrer deux fois plus attentionné, caressant, aimant, la réalité est là : il manque un pied au trépied, et l'équilibre que nous maintenons à deux est pire que précaire. Casse-gueule.

Chaque début d'après-midi, une fois ma gamelle vidée de sa pâtée, et la balade digestive rapidement bouclée, l'oiseau disparaît pour de longues heures. Je comprends qu'il n'a pas le choix, et il prend la peine de s'en excuser, accroupi pour mieux me parler de près, mon museau pris entre ses mains, nez contre truffe, les yeux dans les yeux, tout doux, un murmure.

— Je ne peux pas t'emmener ma belle, c'est un hôpital, tu comprends... un endroit où l'on soigne les humains, et où les animaux sont interdits. Sois bien sage. Ce soir, à mon retour je te promets une vraie promenade. À plus tard mon bébé.

Mon bébé ! Je vous vois sourire. Si, si, ne le niez pas.

C'est vrai, les années ont beau passer, il persiste à m'appeler *mon bébé*, et je ne vous cache pas que je pourrais faire de même, tant son immaturité et son besoin d'être materné malgré son âge avancé me paraissent flagrants.

Je lui trouve l'air si préoccupé que je devrais prendre un peu sur moi et ne pas ajouter ma tristesse à son inquiétude, mais c'est plus fort que moi : avant qu'il referme la porte sur lui, mon dernier regard est implorant. Désolée de ne savoir mieux dissimuler.

L'après-midi à l'attendre est long, un ennui ponctué de siestes. De rêves aussi. Nous nous y baladons tous les trois dans les collines provençales, comme si de rien n'était. Un bonheur sans d'autres limites que les montagnes bleues à l'horizon.

Mais badaboum, sur le coup de quatorze heures, voilà que la femme de ménage et tout son bataclan débarquent au beau milieu de mes promenades oniriques, c'en est fait de mes possibilités d'évasion. Où que j'essaie de me réfugier, je me retrouve toujours dans ses jambes et elle dans mes pattes.

Elle, une compagnie ? Vous plaisantez ! Un jeu de quilles, et moi au milieu.

J'ai beau lui faire savoir pour la énième fois l'antipathie viscérale qu'elle m'inspire, elle persiste à revenir comme si de rien n'était. Faudrait-il que j'aille jusqu'à la mordre pour qu'elle comprenne enfin ? Mauvaise idée. C'est sûrement moi qui paierais les pots cassés, alors que cette agitée du plumeau en casse déjà assez elle-même. Dégâts collatéraux liés à son activité jugée indispensable ?

À mon humble avis elle ne fait guère que déplacer la poussière d'un endroit à un autre, et ne remet jamais (je dis bien *jamais* !) les objets à leur place exacte, toujours de guingois ou à côté, comme si elle n'était pas dotée du moindre sens de l'observation. À moins que ce ne soit de sa part un choix délibéré de laisser des indices prouvant son passage et justifiant son salaire.

Tableaux et cadres accrochés aux murs ne sont pas épargnés par la tornade aveugle qui les malmène et les abandonne chaque fois de travers.

Pareil pour mon lit. Lorsqu'elle se met en devoir de le nettoyer sans me demander mon avis, croyez-vous qu'elle prendrait au moins le soin de le replacer après coup dans la disposition exacte où elle l'a trouvé ? Presque à chaque fois, je retrouve mon couchage en vrac, désorienté, le nord au sud, l'ouest à l'est, et à moins que l'un des oiseaux ne rectifie le tir d'ici le soir, je serai contrainte de dormir avec des repères inversés.

Comment concevoir qu'une personne supposée maintenir ou rétablir l'ordre dans une maison fasse preuve de si peu de bon sens ?

En tout état de cause, son esprit dérangé n'a que peu de considération pour la chienne que je suis. À l'inverse il ne m'a pas échappé qu'elle semble éprouver une tendresse toute particulière pour les moutons. Oui, j'ai bien dit *les moutons* ; vous savez, ceux qui paissent paisiblement sous les lits, les meubles ou les radiateurs.

Du sol où je m'étends souvent, j'ai une perspective imprenable sur les coins et les recoins laissés-pour-compte par les gestes désordonnés d'une brasseuse d'air qu'on pourrait croire uniquement payée pour squatter mon espace.

Celle-là a de la veine que je ne sois pas cafteuse, sinon je vous laisse imaginer le rapport en bonne et due forme auquel mes compagnons – ses employeurs – auraient droit.

Tant d'énergie gaspillée et rémunérée à prix d'or (soupir). Hors de ma vue, sorcière du logis, chevaucheuse de balais, empêcheuse de dormir en rond, imposture domestique, esprit borné, nuisance sonore, aspiratrice de pas grand-chose ! Qu'on me pardonne ce nouveau coup de gueule, mais, waouh, ça soulage.

Vers dix-sept heures, l'envahisseuse consent enfin à ranger son attirail et à débarrasser le plancher. Je vais pouvoir reprendre possession de *mon* espace.

Me reste à attendre le retour de l'oiseau-de-garde. Quand va-t-il rentrer ? Rentrera-t-il seulement ? Vous ne voyez pas que là-bas ils lui découvrent une anomalie, n'importe laquelle, et qu'ils refusent de le relâcher lui aussi. Sait-on jamais avec la vie…

Ah, bruit de clé dans la serrure. C'est lui.

Ce n'est pas encore cette fois que mon sens de l'accueil sera pris en défaut. Ma joie est sans mélange et requiert la participation de tout mon corps. Sauts d'enthousiasme, frénésie de l'arrière-train, bisous humides, embrassades et câlins à n'en plus finir, roulades et abandon final sur le tapis de l'entrée, ventre offert aux caresses.

Avec cependant une dimension dramatique supplémentaire. Comment ces retrouvailles ne seraient-elles pas émues ? Même si elles ne suivent qu'une absence de quelques heures, elles n'ont pas été des heures *normales.* Chargées d'inquiétude pour moi, de tension et de chocs émotionnels pour lui.

Succédant aux effusions, les sensations : ma truffe perçoit un cocktail d'effluves inédits, de substances volatiles variées et non identifiées, de médicaments et de désinfectants mêlés aux sécrétions corporelles imprégnant les vêtements, les cheveux et la peau même de mon oiseau-de-garde, visiblement éprouvé.

Son visage défait parle de lui-même. Pas besoin de mots. L'angoisse a une odeur qui ne trompe pas.

Une longue balade sous les tilleuls du Champ-de-Mars qui embaument comme jamais me dégourdit les pattes en même temps qu'elle nous offre un bol d'air salutaire. C'est aussi l'opportunité pour moi de me poser pour la énième fois une question à laquelle je n'ai toujours pas trouvé de réponse : lequel de nous deux promène l'autre ? Qui de lui ou de moi est au bout de la laisse ?

Pour l'heure, c'est moi qui mène et lui qui me suit, me laissant musarder à ma guise.

Chemin faisant, il me confirme ce que je subodorais : ce qu'il a vécu aujourd'hui était violent. La vision du corps supplicié de l'oiseau-chanteur relié à une jungle de tuyaux, sa poitrine éventrée, son visage pâle de gisant, ses yeux vides écarquillés, qui ne regardent nulle part, et se referment pour sombrer dans un autre néant. Un cauchemar bien réel.

Et puis l'indispensable abrutissement provoqué par la drogue, l'impensable douleur qui le réveille, le ballet des infirmières et des aides-soignantes. Un monde à part, un aquarium en marge de la vraie vie, une fourmilière de blouses blanches.

Ce soir, blottis l'un contre l'autre sur le canapé face à la télé, nous regardons n'importe quoi histoire de nous changer les idées, zappant d'une chaîne à l'autre sans que rien retienne réellement notre attention. Infos, films, émissions de variétés, ou n'importe quelle série idiote, pourvu qu'elle n'ait pas pour toile de fond un hôpital, comme c'est souvent le cas. Manquerait plus que ça.

De toute façon, impossible de se concentrer sur quoi que ce soit quand on a la tête ailleurs. Même programme demain, après-demain, et les jours qui suivront. Une succession d'images et de bruits, un ronron hypnotique.

Je n'ai aucune idée du déroulement de votre existence, de vos douleurs, de vos difficultés ni de vos joies, mais vous aurez sûrement eu l'opportunité de le remarquer au moins une fois au long de votre parcours personnel : les épreuves agissent comme un révélateur.

Dans l'adversité, deux possibilités : soit tout part en vrille et vole en éclats, soit les rangs se resserrent et tout gagne en densité. Ne cherchez pas, pour nous, c'est la réponse *deux* : unis dans le malheur, nous redoublons d'attention et d'affection l'un envers l'autre, nous donnant mutuellement beaucoup plus que d'ordinaire, ce qui n'est pas peu dire.

Records battus.

Pendant près de trois semaines, dimanches compris, l'oiseau-de-garde disparaîtra plusieurs heures chaque après-midi. Les premiers temps, je le vois rentrer abattu, comme vidé de son énergie, quelquefois furieux d'avoir eu à se colleter avec le manque de compassion de certains membres du personnel, en colère, découragé, ou épuisé ; et puis au fil des jours, de moins en moins entamé, plus confiant. J'apprends même à m'habituer au pot-pourri d'odeurs d'hôpital qu'il trimballe sur lui à son insu, mais au travers desquelles je détecte bientôt celle, familière, de l'oiseau-chanteur.

La vie reprend le dessus.

La suite n'est qu'une question de patience, qui met mon impatience naturelle à rude épreuve.

Ah, comme j'aimerais pouvoir me faufiler en catimini dans cet hôpital, pour approcher ne serait-ce qu'un instant l'oiseau-convalescent, et lui prouver que je ne l'oublie pas.

Ah, pouvoir lui faire l'une de ces fêtes dont j'ai le secret, la totale, avec bonds de joie, tortillage effréné de tout le corps, léchage et mordillage des mains.

Un rêve que je caresse plusieurs fois par jour.

Irréalisable ?

Retour à la vie

L'oiseau-de-garde aurait-il lu dans mes pensées ? Deviné mes désirs ?

Jusque-là, il se rendait à l'hôpital en métro, un mode de transport que je n'ai pas le bonheur (ni le malheur) de connaître, sinon à travers la multiplicité des éléments olfactifs rapportés à la maison, mêlés à ceux déjà évoqués plus haut.

Aujourd'hui, changement de programme et de moyen de locomotion. Dans l'entrée, en plus du trousseau de clés habituel, un autre est décroché. Celui de la voiture.

Serais-je du voyage ?

Ce matin, afin de m'éviter l'éventualité d'une fausse joie ou d'une déception, il a choisi de ne m'avertir de rien, des fois qu'un imprévu ne vienne court-circuiter le projet du jour.

Son côté pessimiste l'incite à la prudence, et ce n'est sans doute pas plus mal. Jusqu'à la dernière minute, il a redouté un coup de téléphone du service de réanimation qui nous informerait d'une rechute interdisant toute visite.

Je l'ai vu sursauter à chaque sonnerie, cette satanée sonnerie qui ponctue désormais nos matinées et nos soirées. Souvent pour de bonnes raisons, lorsque les amis et les proches inquiets viennent aux nouvelles. Mais aussi pour de mauvaises, quand les curieux et les charognards viennent également aux nouvelles dans l'espoir qu'elles ne soient pas bonnes.

Sales vautours.

Du mieux qu'il peut, l'oiseau-de-garde tente de rassurer les uns, et se réserve le droit d'envoyer promener les autres, vertement parfois, selon le cas et l'insistance malsaine de l'interlocuteur. Alors qu'il laisse d'ordinaire le soin à une machine de filtrer et d'enregistrer tous les messages, il a changé ses habitudes, luttant contre sa nature mutique, au point d'avoir parfois la sensation de faire office de standardiste ou de secrétaire.

Et le grand moment arrive enfin.

Aucun contre-ordre n'étant venu nous mettre des bâtons dans les roues, il me demande pour la forme :

— On y va ?

Question rhétorique, cela va de soi, à laquelle tout mon corps répond *oui, oui oui !*

À force d'espérer et d'attendre en vain, je n'osais plus y croire, même si je sais par expérience que les choses les plus imprévisibles peuvent arriver, atroces ou merveilleuses.

Ce n'est jamais qu'une aventure de plus. Exaltante, cette fois.

*

La voiture vient de franchir l'arche d'un portail de pierre d'allure ancienne, et nous roulons au ralenti dans ce qui me paraît être une ville dans la ville. Des allées d'arbres bien alignés, délimitant de nombreuses étendues d'herbe où il doit faire bon folâtrer, renifler ou se soulager. Pas un chien en vue cependant.

Un peu plus loin, quantité de bâtiments disparates, certains très vieux et délabrés, en jouxtent d'autres, ultra-modernes, entre lesquels circulent quantité de blouses claires. Sûrement ces fameux vétérinaires pour humains.

D'autres silhouettes, revêtues de peignoirs ou de pyjamas, avancent à petits pas, ou sont posées ici et là sur des bancs, comme des pigeons frileux. À leur allure fantomatique, on devine des malades ou des convalescents, parfois accompagnés de spécimens en vêtements civils, en apparente bonne santé. Au total, un assortiment de gens de tous âges, de toute condition, et de toutes les couleurs.

Je découvre un univers insoupçonné où règne un calme impressionnant, loin de l'agitation des rues et des avenues pourtant toutes proches. Ici, on soigne, on remet sur pied, et on aide à mourir. En silence.

— S'il te plaît, descends du siège et cache-toi ! Tu es une passagère clandestine. Souviens-toi que les animaux ne sont pas officiellement admis ici.

Un animal ? Moi ?

Une réalité que j'ai tendance à oublier, quand ça m'arrange. Mais c'est sa faute à lui (et à l'autre aussi). S'ils s'adressaient un peu moins souvent à moi comme à un être humain, cela n'arriverait sans doute pas.

Pilote malhabile et un brin nerveux, l'oiseau-pas-tranquille trouve par chance (grâce à moi, donc) un bel espace libre pour garer sa voiture à proximité d'un bloc de béton et de verre. Avant de m'abandonner là pour ce qu'il espère être un court laps de temps, il réitère les recommandations d'usage :

— Attends-moi sagement, ma belle, je te promets de faire le plus vite possible.

— *Hep hep, hep ! et le bisou sur la truffe, alors ?*

— Accordé (bise sonore).

— *Et la permission de m'asseoir sur ton siège, même si j'y abandonne un peu de poils ?*

— Accordée aussi, mais évite de te faire repérer en redressant trop la tête pour regarder à l'extérieur.

— *Promis.*

— À tout de suite, alors.

— *C'est ça… ne traîne pas !*

— Juré.

Lovée à la place encore chaude de l'oiseau-de-garde, j'observe d'un œil prudent la façade du bâtiment à l'intérieur duquel il vient de disparaître. Brrrrrr… à première vue, cela fait plutôt froid dans l'échine. Voilà donc l'atelier où les cœurs défectueux sont rafistolés et mis en attente, le temps de récupérer.

J'aurais dû me douter que ce genre d'opération ne se déroulait pas dans des palaces ou des relais de campagne, mais il me paraît difficile de se refaire une santé et de retrouver le moral là-dedans. Enfin bon, autant ne pas se fier à l'aspect peu engageant des lieux et rester confiante.

*

L'oiseau-de-garde n'a pas menti. Le voici déjà de retour, suivi d'une forme claire un peu floue qui se déplace avec lenteur, et dont je n'arrive pas à déterminer si c'est un homme, ou l'un de ces fantômes sans identité aperçus en arrivant. De loin, ma vue me joue parfois des tours, et j'ai raison de m'en méfier, beaucoup plus confiante en mon odorat.

Tous deux se dirigent vers la voiture où, je l'avoue, je triche un peu, étirant le cou, écarquillant les yeux pour mieux discerner l'étrange vision qui s'offre à moi. Ils sont à peine à mi-chemin quand une décharge électrique me traverse le corps : cette forme claire aux contours vaguement humanoïdes, serait-ce *lui* ?

Lui ? Nom d'un chien, ce n'est pas imaginable. Que lui ont-ils fait ?

N'étaient-ils pas supposés le soigner, ces vétérinaires pour humains, médecins, chirurgiens et toute la clique ? Au lieu de quoi, ils l'ont transformé en zombie.

Plus pâle et affaibli que jamais, lui si tonique, si mouvant.

Presque trois semaines d'attente pour aboutir à ça…

Ça y est, ils sont là, à portée de patte.

— Alors, ma Chance ! fait la voix du spectre par la vitre entrouverte.

Une voix bizarre, faiblarde, mais dont le timbre altéré m'est curieusement familier.

La porte s'ouvre.

Encore sous le coup de l'émotion, mon corps rivé au siège hésite à bouger.

Comment vous dire ? Je reste déconcertée, sur la réserve.

Puis un déclic se produit qui me pousse à sauter hors de la voiture vers l'étrange visiteur. Avec précaution, j'entreprends de renifler d'abord le bas de son pyjama, comme pour vérifier que je ne suis pas victime d'une hallucination, je laisse mon museau remonter le long d'une jambe, j'atteins une main, puis une autre, et me surprends alors à frétiller comme un poisson hors de l'eau.

Oui, c'est bien lui, l'inséparable dont j'ai été séparée de force, et doté comme moi d'un cœur fragilisé. L'ombre blanche de lui-même, mais vivant !

Au ralenti, il se penche vers moi, pour que je puisse atteindre son visage, lui lécher les joues, le nez, le couvrir d'affection, le badigeonner de bave. Je ne me fais pas prier, vous pensez bien.

— Attention ma belle, pas de mouvements trop brusques ! me prévient la voix de l'oiseau-de-garde.

Il a raison : dans l'euphorie qui m'a saisie, mon enthousiasme tend à se manifester par des soubresauts incontrôlés, et j'ai failli oublier que nous avons affaire à un grand blessé. Passé le choc provoqué par son apparence, je le retrouve inchangé à l'intérieur.

L'essentiel est invisible pour les yeux, vous vous souvenez ?

Son pauvre sourire me remercie, et c'est en retour un cadeau pour moi.

Mais voilà que nos courtes retrouvailles prennent fin. Il va devoir s'en retourner dans son bloc de béton et de verre, réintégrer sa chambre, son lit, et je le regarde s'éloigner à pas comptés, soutenu par l'oiseau-de-garde, qui me rassure d'un bref « À tout de suite ».

L'autre m'a dit « À bientôt », et je veux le croire. Jamais aucun d'eux ne m'a menti.

Mais *bientôt*, c'est quand ?

Combien de jours et de nuits, combien de gamelles, de promenades ?

Lorsque nous aurons fêté son retour à la maison et à la vraie vie, je vous jure sur la tête de ma mère et de mes enfants disparus de faire tout mon possible pour qu'il reprenne du poil de la bête, dussé-je y laisser un peu des miens. Je sais aussi que l'oiseau-de-garde va se décarcasser pour l'aider à se remplumer, l'entourer d'attention et d'affection.

Il y a des moments dans l'existence qui ne vous donnent pas le choix.

Sinon, je vous le demande, que signifierait *aimer* ?

Nous sommes bien d'accord : rien.

Des semaines plus tard, à force de soins prodigués, mais aussi de volonté et de vitalité naturelles, l'oiseau-chanteur reprendra ses activités, sauvant la face vis-à-vis des autres, et se rassurant lui-même en osant en faire parfois un peu trop, un peu trop tôt.

On ne le changera pas.

L'ombre qui planait sur lui se tient désormais à distance, mais ne s'est pas évanouie comme par enchantement. On n'est jamais vraiment tranquille avec ces choses-là ; il en restera toujours un soupçon d'inquiétude, un peu de gravité supplémentaire, qui n'est pourtant pas un obstacle au bonheur.

Moi qui vous parle, je sais que mon cœur pourrait encore faire des siennes, si la mauvaise idée lui en venait. Être là, dans l'instant ; se savoir fragile et résistant, voilà tout.

Et vous, quel que soit votre âge et votre état de santé, n'avez-vous pas quelquefois la sensation de marcher sur un fil et d'être à la merci d'un faux pas ?

Moi, tout le temps. C'est peut-être d'avoir vu la mort de près qui me fait cet effet, mais en définitive, c'est sûrement la conscience de la précarité qui me rend chaque seconde volée à l'éternité plus précieuse.

Chevaux de bataille

Avant de nous quitter, revenons une dernière fois sur la pêche au requin si vous le voulez bien. Savez-vous pourquoi elle est encore et toujours pratiquée au large des rivages de mon île, et ce à l'encontre de la loi ?

Ben tiens, mais parce qu'elle rapporte gros, très gros. Pas tant pour la viande de requin, qui est comestible sans être savoureuse (ironie du sort, j'ai même dû en ingurgiter sans le savoir, parmi les déchets abandonnés sur la plage des pêcheurs), mais pour cette partie appelée *aileron,* qui, réduite en poudre, se vend à prix d'or.

Tout ça parce que quelques vieux Chinois fortunés et naïfs croient dur comme fer que leur sexe ramolli va retrouver toute sa vigueur s'ils absorbent cette poudre de perlimpinpin, et qu'ils pourront à nouveau couvrir leur femelle.

Affligeant ? Grotesque ? Révoltant ? Monstrueux ? Choisissez si vous le pouvez, moi je n'y arrive pas : c'est tout ça à fois.

Contre toute attente et toute probabilité, je m'en suis sortie.

Avais-je ce qu'il est convenu d'appeler une bonne étoile ?

Je ne peux plus en douter, mais je sais que d'autres n'ont pas ma chance, et ne s'appelleront jamais CHANCE.

À l'instant où vous lisez ces lignes, sachez que là-bas, le massacre continue en toute impunité.

Gros volcan surgi des eaux, cette île singulière, mon île, continue d'accueillir quantité de touristes béats, ignorant pour la plupart que des chiens et des chats errants y sont torturés et assassinés en quantité, à deux pas des plages où se prélassent les fanas de la bronzette.

De temps à autre, un promeneur trouve gisant sur le sable de petits cadavres pelés, à moitié dévorés et rejetés par la mer. D'autres, au hasard d'une balade sur la côte, perçoivent des gémissements, et découvrent, entassés dans une barque, des chiens dont le museau scotché dépasse de sacs-poubelle. Saisis d'horreur, ils se risqueront peut-être à aller y voir de plus près, aussitôt cernés par la présence dissuasive de pêcheurs musclés, bien déterminés a éloigner tout témoin gênant.

Face au danger imminent, que faire, à moins d'être un héros ? Les témoins isolés n'ont d'autre choix que de décamper au plus vite, sauver leur peau, rentrer chez eux la mort et le dégoût dans l'âme.

Et ensuite ? Rapporter ce qu'ils ont vu ? Alerter les autorités qui de toute manière *sont* au courant, mais ont décidé de fermer les yeux ?

Continuer à ne rien dire, et laisser faire ?

Même certains présentateurs officiant sur les radios locales semblent abonder dans le sens des tortureurs et des tueurs, encourageant de façon flagrante l'exploitation de nos vies, superflues à leurs yeux. Nous ne sommes qu'une vermine à exterminer, et si les braconniers de la mer s'en chargent en partie, tant mieux !

De rares voix s'élèvent, vite étouffées par le consensus général.

En flânant près du rivage, une habitante de l'île vient de découvrir la dépouille d'un animal-appât gisant sur le sable, et ne peut s'empêcher de faire part de sa révolte et de son dégoût à la première personne qu'elle croise, laquelle lui répond sur un ton d'indifférence fataliste que « ce ne sera ni le premier ni le dernier ».

L'habitude, que voulez-vous, mais faut-il vraiment s'accoutumer à tout, accepter l'inacceptable, tolérer l'intolérable, banaliser la barbarie ?

« À quelque chose malheur est bon », prétendent certains sages.

En tout cas, cela s'est vérifié à la suite de mon calvaire personnel. J'ai vu poindre une lueur d'espoir, lorsqu'un ministre des Territoires d'outre-mer, plus sensible à la condition animale que ses prédécesseurs, décida *tout bêtement* de faire appliquer la loi, et plus précisément le décret qui défend notre droit au respect.

Lueur aujourd'hui éteinte, courte parenthèse refermée.

Simples pions aux mains des gouvernements, les ministres changent de poste comme de chemise, et celui-là n'a pas fait exception à la règle : exit notre défenseur au profit d'un indifférent complet à notre cause. Cause perdue, cause toujours : les mêmes actes atroces ont repris de plus belle et sont encore aujourd'hui perpétrés impunément sur mon île natale.

Appelez-la comme vous voudrez, cette île maudite, par son nom officiel si cela vous chante, dans mon cœur, elle restera à jamais l'île de la Séparation, et je peux vous assurer qu'elle ne l'a pas volé.

*

Je ne vous ferai pas l'injure de vous demander si vous connaissez la différence entre un chat, un chien et une chaise.

Euh… ils ont tous quatre pattes ?

Non. Pas le point commun. La différence.

La *différence ? Mais j'en vois plusieurs… et puis non, c'est impossible, il y en a trop. Je donne ma langue au chat !*

Eh bien voilà : la réponse est que jusqu'à une époque très récente, il n'y en avait pas.

Si pour vous la différence saute aux yeux et tombe sous le sens, sachez qu'il n'en était pas de même pour votre Code civil, qui nous considérait jusqu'il y a peu comme un élément de mobilier, ni plus ni moins. En gros, donner un coup de pied à votre animal domestique ou à un guéridon revenait au même.

L'un souffrait, et l'autre pas ? Le Code restait sourd, aveugle et muet là-dessus.

Seul le Code rural tenait compte de notre état d'êtres sensibles, ce qui limitait sûrement les dégâts, sans pour autant empêcher la maltraitance dont sont victimes tant de pauvres bêtes dans vos belles campagnes : chiens esclaves enchaînés dans des cours de ferme, nourris d'épluchures ou de croûtons de pain ; chiens de chasse contraints au jeûne pour être rendus plus performants par la faim qui les taraude.

Et ces lâchages de gibier en pleine nature, qui faussent les données d'un jeu déjà suffisamment vicieux en soi, vous ne trouvez pas ça révoltant ? Animaux nourris par la main de l'homme, avant d'être jetés en pâture à des fous de la gâchette.

Pauvres faisans, infortunés lapins et autres victimes... autant de pigeons d'argile dont le destin se résume à se faire dégommer, et ce avec d'autant plus de facilité que la présence humaine ne déclenche pas chez eux le réflexe normal de décamper, mais une confiance familière.

Si vous voulez mon avis, les chasseurs qui s'autoproclament régulateurs de la nature ne manquent pas d'air. C'est à peu près aussi absurde qu'un *serial killer* qui voudrait se faire passer pour un défenseur de l'humanité. Soyons sérieux deux secondes, et qu'ils arrêtent de se payer notre tête. Ils trichent, pipent les dés et bidouillent les règles comme ça les arrange.

Une sinistre plaisanterie qui revient chaque année nous gâcher la fin de l'été, endeuiller le retour de l'automne et ensanglanter l'hiver. Laissez-moi rire. Jaune.

Voilà qui m'amène tout naturellement à évoquer ces tranches de douleur qui saignent (plus ou moins) dans vos assiettes. De quelle manière a été tué l'animal qui vous nourrit de ses protéines ? Dans quels verts pâturages ou quelle usine à viande a-t-il été élevé ? A-t-il été ou non malmené ? Transporté dans des conditions atroces ? A-t-il été saisi de panique en sentant venir la mort ? A-t-il souffert un peu, à la folie, ou pas du tout ?

Attention, loin de moi l'idée de me faire passer pour ce que je ne suis pas, à savoir végétarienne. Il se trouve que la nature m'a voulue carnivore, en conséquence de quoi je me régale sans arrière-pensée d'un os à moelle ou d'une escalope de dinde. Il vaut d'ailleurs mieux ne pas me lâcher dans un poulailler, car l'instinct étant ce qu'il est, je ne répondrais de rien.

Que les circonstances s'y prêtent, et le renard ou le coyote qui sommeillent en moi ne demandent qu'à se réveiller. Je le sais, je le sens.

Mais, car il y a un *mais,* tout ce qui consiste à infliger un calvaire inutile est contre mes principes. De plus, tout à fait entre nous, beaucoup de procédés d'abattage sont une véritable catastrophe diététique.

Stress et souffrance provoquant une sécrétion massive d'adrénaline, les animaux maltraités et suppliciés ne peuvent fournir qu'une viande saturée de toxines à ceux qui la consomment, mais là encore, les traditions ont bon dos pour faire passer la pilule.

Amère et empoisonnée, la pilule, autant pour vous que pour moi.

Le simple bon sens devrait pouvoir mettre un terme à de tels archaïsmes, mais encore faudrait-il s'autoriser à raisonner autrement que comme des automates, et c'est trop demander aux adeptes du prêt-à-penser qui ne démordent pas de leurs convictions.

*

Marquée par les épreuves que la folie des hommes m'a obligée à subir, rien ou presque ne devrait plus m'étonner, et pourtant…

Dans mon île natale, vous le savez maintenant, on torture et on assassine mes semblables, et cela n'a rien de glorieux. Voilà pourquoi ces odieux trafics ont lieu la plupart du temps dans une semi-clandestinité, sans témoins gênants, en catimini.

Mais j'ai des infos pour vous. Beaucoup plus près de chez vous, sachez qu'il s'en passe de belles, et pas dans l'ombre. Au grand jour. En plein soleil même.

Je vous sens perplexe, intrigué. Vous êtes assis ? Bon. Attention quand même, car vous risquez de tomber de votre chaise.

Alors voilà. C'est difficile à croire mais je vous jure que c'est vrai. Dans le Midi de votre beau pays prétendument civilisé subsistent d'anciens rituels consistant à mettre à mort des animaux en public, non sans leur avoir fait subir auparavant un long, très long supplice, une agonie sanguinolente.

Horreur pour certains – pour vous j'espère –, spectacle sublime pour d'autres. Non, je n'exagère pas.

Et vous savez quoi, l'officiant de ces sinistres cérémonies ne se contente pas d'être un simple assassin. Il cumule les fonctions : bourreau, boucher, charcutier, mais aussi danseur, et un peu clown également, tant les postures qu'il prend dans son habit bariolé et pailleté oscillent entre burlesque et grotesque. C'est sidérant non ?

— ... (Silence gêné.)

Et j'ajoute que cela se passe dans de grands abattoirs appelés *arènes*, devant des centaines ou des milliers de gens venus tout exprès pour assister à l'exécution. Qu'est-ce que vous dites de ça ?

— ... (Silence. Éloquent, cette fois.)

Comment ça, vous étiez au courant ? Ah... vous ne m'en disiez rien de peur de me choquer ?

Bon, moi qui espérais vous scotcher avec mes révélations, c'est râpé. Avouez quand même que ce genre de truc fait froid dans l'échine, non ? Répondez-moi oui, je vous en conjure, ou c'est à désespérer de tout.

Confrontée à l'évidence de telles abominations, je finis par me demander comment je m'arrange pour garder foi en l'être humain. Faut-il qu'il y en ait d'assez pervers pour se repaître du supplice infligé à un pauvre quadrupède cornu, et s'extasier à la vue de son agonie.

De belles émotions, vraiment.

Oups... avant que je ne sois prise d'un haut-le-cœur qui m'obligerait à aller vomir mon dégoût sur un coin de moquette, laissons là ces sports d'été aux amateurs de torture et d'hémoglobine, joliment baptisés *aficionados*.

Changeons de saison, mais pas de sujet. Quand l'hiver pointe à nouveau le bout de son nez gelé, et que je croise dans la rue l'une de ces rombières envisonnées, ou d'autres encore, enveloppées dans des dépouilles de renard bleu, de castor, de bébé phoque, de panthère ou de loup, je ne peux m'empêcher de penser à chaque fois qu'il y a vraiment des coups de crocs dans les mollets qui se perdent.

Même au plus bas du thermomètre, nos régions tempérées ne sont ni le pôle Nord ni la Sibérie, alors quoi ? Qu'est-ce donc que ces femmes de Cro-Magnon ?

Des bourgeoises anachroniques encore cramponnées à l'idée que leur confort et leur standing dépendent d'une parure de poils ?

Des émules de Peau-d'Âne en tenue de camouflage ?

Des victimes de la mode qui se vengent sur d'autres victimes qui y laissent leur vie et leur peau ?

Ne l'oubliez pas, mon flair ne me trompe jamais, capable à distance de distinguer un pelage synthétique d'un vrai. Aussi puis-je affirmer que je vois des troupeaux d'adolescents des beaux quartiers arborer de luxueuses parkas dont la capuche est ornée d'authentique fourrure.

Jeunes humanoïdes trop gâtés par la vie, ils se soucient comme de leur premier T-shirt de la barbarie qu'ils encouragent plus ou moins consciemment, balayant d'un revers de manche la multitude de chats et de chiens massacrés à seule fin de satisfaire une simple coquetterie et les diktats d'une mode imbécile.

Jeunesse dorée délibérément cruelle, ou volontairement ignorante ?

Face à l'énorme force d'inertie générée par un je-m'en-foutisme généralisé, inutile d'ajouter que la Madone des animaux a encore du pain sur la planche.

Faire reculer le front de la bêtise et du cynisme n'est pas gagné d'avance, loin s'en faut.

« Vaste programme ! » s'exclamait en son temps l'un de vos grands chefs d'État qui n'avait pas sa langue dans sa poche. Il n'avait pas tort, et l'indifférence à notre cause dont fait preuve la plupart des politiciens actuels reste un cocotier difficile à secouer.

Difficile ou impossible ?

Impossible n'est pas B.B., je veux continuer à le croire, mais combien de suppliques devra-t-elle adresser à nos dirigeants de tous bords pour être non seulement entendue, mais exaucée ?

J'aimerais être là le moment venu, si cela arrive jamais.

Pour finir, ou presque

Quelle vie j'aurai eue, tout de même ! Ou plutôt *quelles vies,* tant j'ai la sensation d'avoir vécu plusieurs existences en une seule.

Au tout début, comme tout un chacun ou presque, enfant chérie d'une mère aimante.

Puis très tôt orpheline, vermine famélique chassée à coups de pied ou de pierre, et nourrie tant bien que mal de déchets et d'ordures.

Maman à mon tour, et sans transition : asticot.

Qu'ai-je été d'autre aux yeux de pêcheurs braconniers plus cartésiens que l'abominable Descartes lui-même, lequel, tenez-vous bien, considérait l'animal, chat ou chien, comme un mécanisme dépourvu d'affects, insensible à toute douleur, qu'elle soit physique ou psychique ?

Lors des séances de vivisection qu'il pratiquait lui-même pour mieux étayer sa théorie, le brillant philosophe persistait à nous dénier toute réelle souffrance, nous démantibulant comme il l'aurait fait des rouages d'une horloge afin d'en comprendre le fonctionnement. Démonter pour démontrer.

Les hurlements ? Les membres prisonniers qui se contractent sous la torture ? Les spasmes des corps suppliciés qui tentent de se débattre ? Simples réflexes.

Rien ne troublait ni ne détournait l'illustre imbécile de sa pensée première.

Je pense (de travers), *donc je suis* (tordu). CQFD.

Poursuivons. Après être tombée aux mains de crapules sans scrupule, émules de Descartes sans le savoir, l'asticot rescapé a eu droit à la compassion que d'autres lui avaient refusée, à une identité, un nom, à de l'amour enfin.

Ignorée. Méprisée. Piégée. Martyrisée. Estropiée. Sauvée. Endeuillée. Ballottée. Émigrée. Contaminée. Soignée. Sauvée (*bis*). Adoptée. Adorée.

D'asticot à princesse, appréciez le raccourci et mesurez le chemin parcouru. Plus fort encore que le dénouement de vos contes pour enfants où à la suite d'un simple baiser, le vilain crapaud se transforme en prince charmant.

Un an d'errance sauvage, plus dix ans de vie civilisée, faites le compte.

Onze. Non ! Déjà ?

C'est fou. Je n'en reviens pas moi-même.

Dix années de bien-être, d'appartement de standing en maison paisible, dix années de restaurants de luxe et d'hôtels quatre étoiles, de coussins moelleux et de canapés accueillants, dix belles années de ventre plein et d'amour en-veux-tu-en-voilà. Dix années de bonheur qui n'ont pourtant pas totalement effacé la toute première, si déterminante, avec nombre d'incidences indélébiles sur mes comportements futurs.

Il est des habitudes qui ne se perdent jamais, comme celle, par exemple, de gratter systématiquement le sol afin d'y creuser une sorte de cuvette à l'endroit précis où je m'apprête à uriner, que ce soit au cours de nos randonnées pédestres en pleine nature ou en plein Paris. Dans la terre meuble ou la caillasse, rien de plus simple ; l'asphalte et le béton, eux, résistent, mais j'insiste pour la forme. Un rituel.

Autre séquelle de ma vie d'errance : toute femelle que je suis, il me paraît primordial, à l'instar des mâles, de laisser une trace, aussi infime soit-elle, à chaque point stratégique, embranchement, croisement, ou carrefour. Un repère pour moi, une information pour d'autres, ma signature : je suis passée par là.

Et puis, je ne résiste toujours pas à l'appel des petits chemins de traverse, plus attrayants selon moi que les sentiers battus par trop de passage, ni à celui des ruelles bien plus engageantes pour ma curiosité personnelle que les avenues et autres grands boulevards, trop larges, trop fréquentés, trop bruyants.

Pas question pour moi de fausser compagnie à mes compagnons, vous vous en doutez. Cependant, nez au vent à l'affût d'effluves inconnus, je m'autorise chaque fois que cela m'est possible un écart au cours duquel j'approfondis ma première impression, l'analysant, l'affinant… bientôt rappelée à l'ordre par une voix familière qui m'incite à ne pas m'attarder trop longtemps hors du droit chemin. Ma moitié sauvage et obstinée fait mine de n'avoir pas entendu, pendant que l'autre, docile et civilisée, me souffle d'interrompre mon étude du milieu et de rentrer dans le rang.

Autres pôles d'attraction : grilles, clôtures, grillages, palissades, barrières, barbelés, portails me lancent toujours un irrésistible appel. Comme aimantée, j'y cours ou j'y crapahute, je m'y colle, glissant la pointe du museau à travers les interstices, quitte à m'y érafler la truffe. Je flaire, j'explore, j'investigue.

Que peut-il bien y avoir de l'autre côté ? Question récurrente qui me taraudera jusqu'à mon dernier instant, je le crains. Je *veux* voir, je *veux* savoir. Un ancien réflexe, en partie atavique probablement, mais surtout acquis.

Qui n'a pas connu l'expérience de l'enfermement ne peut pas me comprendre tout à fait.

La vue de barreaux ou d'entrelacs métalliques dont sont constitués la plupart des enclos me renvoient illico à un désir d'évasion, un peu comme dans un mauvais rêve où je me trouverais à nouveau de l'autre côté, privée de liberté.

Pincez-moi, réveillez-moi, aidez-moi à reprendre mes esprits, ramenez-moi à la réalité :

— Ohé, Chance, tu es du bon côté !

— *Oh pardon ! Je reviens à moi et à vous. Merci.*

Le temps d'une parenthèse de quelques instants à peine, j'étais un peu ailleurs, je l'admets. Dois-je cependant vous rappeler que c'est en partie à cette curiosité obsessionnelle doublée d'une obstination viscérale que je dois mon salut ?

Si ma nature m'avait incitée à ne suivre que le tracé des routes asphaltées ou des sentiers battus, comment aurais-je pu découvrir l'indécelable repaire qui devint mon tout premier refuge, celui où mes malheureux enfants ont pu voir le jour à l'abri des regards ?

Plus encore, attendu que je nage comme une enclume, où aurais-je puisé le culot de me jeter à la mer pour échapper à mes tortionnaires, sinon dans une persévérance un peu folle ?

Libre à vous de considérer comme des défauts les traits de caractère qui m'ont sauvé la vie, je sais, moi, ce que je leur dois.

*

Ah, m'allonger à même les cailloux qui me rentrent un peu dans les côtes, et y piquer un petit roupillon : un délice ! Intrigué par cette conception singulière du confort, il arrive que mon entourage s'interroge : ne serait-elle pas un peu fakir à ses heures ?

Nature je suis, nature je reste, et je reconnais volontiers qu'il ne me déplaît pas de délaisser parfois ma couche douillette pour m'octroyer ces parenthèses de vie *à la dure.*

Et lorsque le ciel ne déverse pas son trop-plein d'eau sur la terre, j'avoue que les frimas d'automne ou d'hiver ont pour moi des attraits particuliers, au point que j'aime repousser jusqu'aux limites du supportable le moment où je vais regagner la tiédeur enveloppante de la maison, restant par libre choix sur le pas de la porte, exposée aux assauts d'un vent aigre ou même carrément glacial. Je n'ai rien d'un chihuahua frileux ou d'un whippet constamment sujet à la tremblote, et je m'en félicite.

Pas mécontente non plus de bénéficier d'un caractère à dominante gaie, même s'il peut m'arriver d'être sujette à des accès de mélancolie. Triste, moi ? Jamais.

Rêveuse ou pensive par moments, j'en conviens, mais pas plus que la normale.

N'empêche, j'entends mes oiseaux s'alarmer dès qu'ils croient déceler dans mon regard le moindre vague à l'âme :

— Et si malgré nos efforts elle n'était pas aussi heureuse qu'on peut l'espérer ?

— Non mais tu vois la tête qu'elle fait, là ? Regarde, on dirait qu'elle déprime. J'ai l'impression qu'elle n'est pas bien. Qu'est-ce qu'elle a mangé aujourd'hui ? Elle est peut-être un peu patraque ou vraiment malade…

Ah, ces deux-là, je vous jure ! Toujours à gamberger et imaginer Dieu sait quoi à partir de pas grand-chose. À moi de les rassurer en affichant mon air le plus enjoué, ou mieux encore en m'agitant d'une manière démonstrative, faute de pouvoir former des mots qui leur diraient en substance :

Soyez raisonnables, enfin ! Ce n'est quand même pas moi qui vais vous l'apprendre : personne, ni vous ni moi, n'est tenu de baigner dans un état de béatitude permanente.

Ce n'est rien mes amis, rien du tout, une simple pause en plein bonheur.

Allez, haut les cœurs, youpi !

*

Sans vouloir alarmer personne, j'ai eu dernièrement la nette sensation que mon cœur me jouait de sales tours, palpitant plus fort et plus vite qu'il le devrait, et montrant des signes de fatigue évidente. Est-ce d'avoir trop aimé ? Allez savoir.

La cardiologue qui me suit depuis trois ans déjà l'avait diagnostiqué dès le départ : j'ai *le cœur gros.*

Pas comme on pourrait l'entendre, puisque je n'ai à me plaindre d'aucun chagrin particulier, au contraire. Mais trop gros quand même.

Après une décennie de bons et loyaux services, mon souffle au cœur du début a sournoisement dégénéré, évoluant vers une hypertrophie valvulaire doublée d'une fuite qui menace de noyer mes poumons et de m'étouffer. Pour vous donner une idée, ma cage thoracique n'ayant pas une capacité infinie à contenir un excès d'organes qui se bousculent au portillon, le souffle me manque désormais pour aboyer correctement.

Frustrant, quand les opportunités de me faire entendre, elles, ne manquent pas : importuns de tout poil, visiteurs bienvenus ou non, bruits alarmants ou incongrus, femmes de ménage !

Le réflexe est encore là, mais la voix a du mal à suivre, et c'est d'autant plus embêtant que j'ai toujours eu un assez joli filet bien timbré, plutôt grave pour ma petite corpulence.

Dans mon malheur, ma chance (encore une fois), c'est qu'un nombre insoupçonnable d'autres chiens ont le cœur atteint de la même malformation que moi. En conséquence de quoi, il existe quantité de médicaments pour nous venir en aide. Me voilà donc abonnée aux pilules et autres comprimés miracles censés m'apporter un peu de confort, sinon capables de me redonner un cœur tout neuf. En outre, j'ai à mon service les deux infirmiers les plus dévoués des hémisphères Nord et Sud compris, bref, du monde.

Aux petits soins ils sont, s'affairant autour de moi afin de préserver mon bien-être, redoublant l'un comme l'autre d'attention et d'efforts. Redoublant d'amour ? Ça, non, c'est impossible : nous avons déjà, et depuis belle lurette, atteint la dose maximale.

*

Voilà mon histoire. La boucle est plus ou moins bouclée, et même si le mot *fin* est l'un des plus tristes que je connaisse, je pense avoir assez empiété sur ton temps. J'espère aussi avoir mobilisé un peu de ton attention, remué en toi quelques émotions enfouies, et suscité ton empathie.

Il va falloir nous séparer ici.

C'était bien agréable de te rencontrer et de te raconter d'où je viens, qui je suis.

Salut, prends soin de toi et tâche de ne pas m'oublier tout à fait.

Oh ! juste une seconde encore, pardonne ma distraction, c'est moi qui allais oublier.

Sans vouloir abuser, j'ai une ultime faveur à te demander en guise d'au revoir : je sens bien que le temps est en train de me rattraper et qu'il m'est devenu impossible de courir assez vite pour lui échapper, alors fais-moi au moins l'amitié de me souhaiter encore des moments où le bien-être prend le pas sur l'inconfort, et où l'amour conjure la mort charognarde qui rôde.

Avec un cœur qui a perdu tout sens du rythme et s'emballe pour un rien, plus cette toux qui m'essouffle de plus en plus souvent, je crains de ne pas être en mesure de battre le record de longévité de la belle Lulu : quinze ans ou presque, ce n'est pas rien et c'est sans doute trop pour moi. Je me suis pourtant juré de faire de mon mieux. Tant que mes forces et mon appétit de vivre ne m'abandonnent pas, tout reste possible.

Tu n'imagines pas combien la perspective de fausser définitivement compagnie à mes deux inséparables me peine. Que deviendront leurs journées si elles ne sont plus ponctuées dès le matin par nos petits rituels affectueux ? Comment supporteront-ils la vue de mes jouets et de mes lits disséminés dans chaque pièce de l'appartement et de la maison, de mes gamelles vides et de toutes mes laisses désormais pendues pour rien ni personne dans l'entrée ?

Le chagrin de la séparation me déchire à l'avance.

Alors oui, avant qu'arrive le moment d'aller me fondre au grand cosmos d'où nous venons et où nous retournons tous, souhaite-moi encore des jours, des semaines, des mois auprès d'eux, et peut-être plus, sait-on jamais.

Ai-je besoin d'insister ?
Tu l'as bien compris :
J'y tiens à ma chienne de vie.

CHANCE

Remerciements

Qu'il me soit permis de remercier trois femmes d'exception, sans lesquelles personne aujourd'hui n'aurait pu lire ces mots.

D'abord Brigitte Bardot, qui déploie depuis tant d'années une énergie phénoménale afin que certains humains (ou prétendus tels) cessent de nous maltraiter, de nous torturer, et nous respectent, à défaut de nous aimer.

Ensuite, Dany Saval, ma marraine, la bonne fée des animaux, qui m'a sauvée de l'enfer pour m'offrir la plus belle vie qui soit. Elle aussi poursuit une lutte sans relâche pour changer l'existence des animaux laissés pour compte, martyrisés, estropiés, abandonnés.

Et pour finir, Sylvie Vartan, qui a eu la bonne idée d'insister auprès de mes maîtres afin qu'ils se décident à transcrire ce que j'avais à vous raconter.

Par parenthèse, on m'a glissé à l'oreille que l'une des toutes premières chansons de Sylvie avait pour titre « Chance ».

Un signe ?

Cet ouvrage a été composé et mis en pages
par ÉTIANNE COMPOSITION
à Montrouge.

Cet ouvrage a été achevé d'imprimer en janvier 2016
sur les presses de Normandie Roto Impression s.a.s.
61250 Lonrai (Orne)

Dépôt légal : février 2016
N° d'édition : 55145/01 - N° d'impression :1600094

Imprimé en France